歴史文化ライブラリー

483

皇位継承の中世史

血統をめぐる政治と内乱

佐伯智広

吉川弘文館

目　次

皇位継承と院政

皇位継承と武士

【歴代天皇系図】

アラビア数字は代数（□は北朝）、漢数字は在位年、（ ）内は天皇ではない人物、［ ］内は重祚時の諡号

1 神武天皇 前六六〇—五八五 ─ 2 綏靖天皇 前五八一—四九 ─ 3 安寧天皇 前五四九—一一 ─ 4 懿徳天皇 前五一〇—四七七 ─ 5 孝昭天皇 前四七五—三九三 ─ 6 孝安天皇 前三九二—二九一 ─ 7 孝霊天皇 前二九〇—一五

─ 8 孝元天皇 前二一四—一五八 ─ 9 開化天皇 前一五八—九八 ─ 10 崇神天皇 前九七—三〇 ─ 11 垂仁天皇 前二九—後七〇 ─ 12 景行天皇 七一—一三〇

12 景行天皇 ─ 13 成務天皇 一三一—九〇

12 景行天皇 ─ （日本武尊） ─ 14 仲哀天皇 一九二—二〇〇

─ 15 応神天皇 二七〇—三一〇

15 応神天皇 ─ 16 仁徳天皇 三一三—九九

16 仁徳天皇 ─ 17 履中天皇 四〇〇—五 ／ 18 反正天皇 四〇六—一〇 ／ 19 允恭天皇 四一二—五三

19 允恭天皇 ─ 20 安康天皇 四五三—六 ／ 21 雄略天皇 四五六—七九

21 雄略天皇 ─ 22 清寧天皇 四八〇—四

17 履中天皇 ─ （磐坂市辺押磐皇子） ─ 23 顕宗天皇 四八五—七 ／ 24 仁賢天皇 四八八—九八

24 仁賢天皇 ─ 25 武烈天皇 四九八—五〇六

15 応神天皇 ─ （稚野毛二派皇子） ─ （意富富杼王） ─ （乎非王） ─ （彦主人王） ─ 26 継体天皇 五〇七—三一 ─

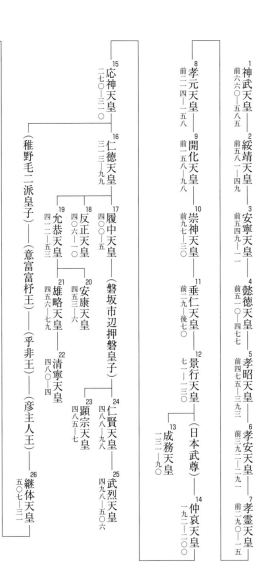

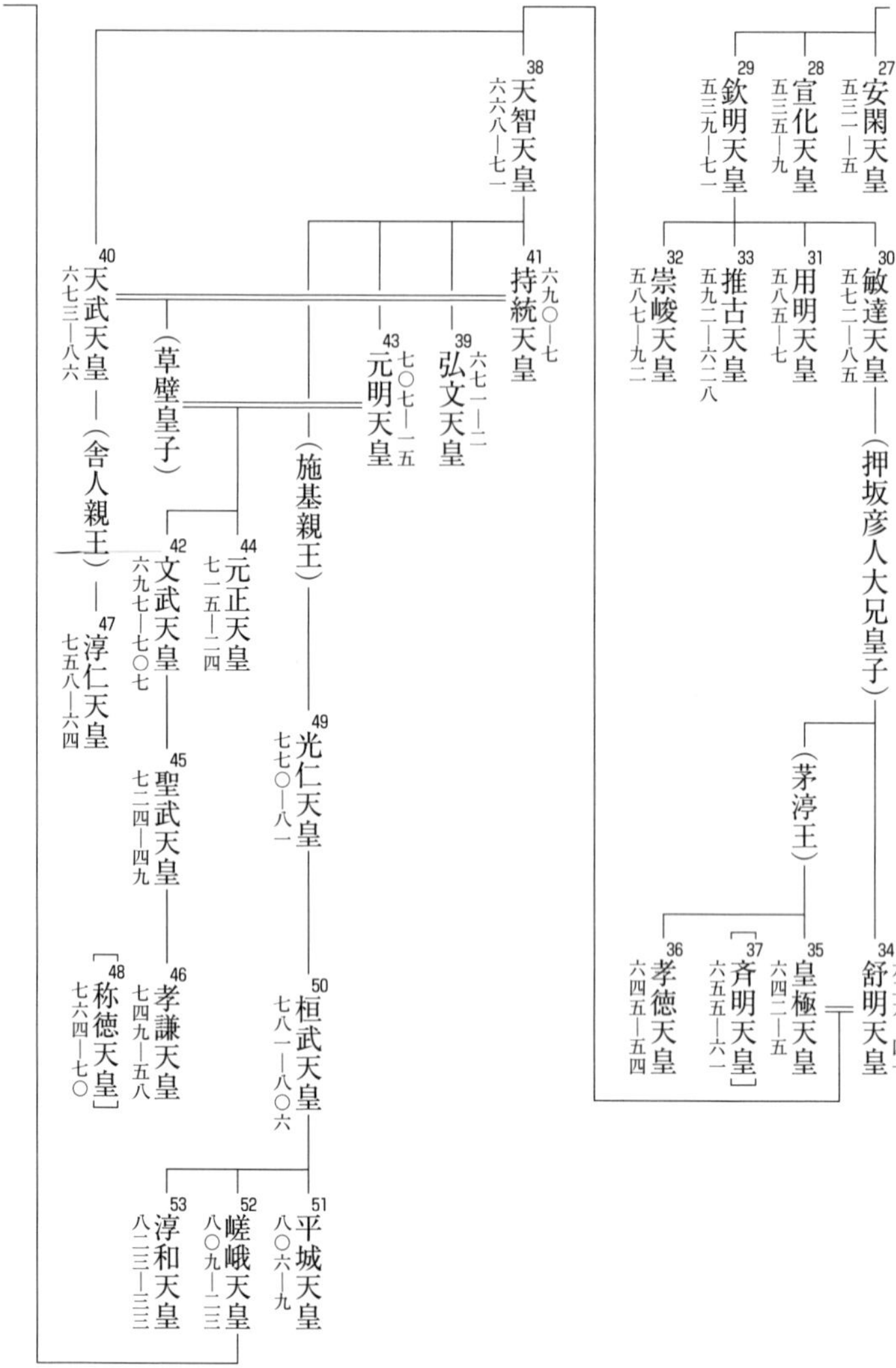

27 安閑天皇 五三一―五
28 宣化天皇 五三五―九
29 欽明天皇 五三九―七一
30 敏達天皇 五七二―八五
31 用明天皇 五八五―七
33 推古天皇 五九二―六二八
32 崇峻天皇 五八七―九二
（押坂彦人大兄皇子）
（茅渟王）
34 舒明天皇 六二九―四一
35 皇極天皇 六四二―五
［37 斉明天皇 六五五―六一］
36 孝徳天皇 六四五―五四
38 天智天皇 六六八―七一
41 持統天皇 六九〇―七
39 弘文天皇 六七一―二
43 元明天皇 七〇七―一五
（施基親王）
49 光仁天皇 七七〇―八一
50 桓武天皇 七八一―八〇六
51 平城天皇 八〇六―九
52 嵯峨天皇 八〇九―二三
53 淳和天皇 八二三―三三
（草壁皇子）
44 元正天皇 七一五―二四
42 文武天皇 六九七―七〇七
45 聖武天皇 七二四―四九
46 孝謙天皇 七四九―五八
［48 称徳天皇 七六四―七〇］
40 天武天皇 六七三―八六
（舎人親王）
47 淳仁天皇 七五八―六四

54 仁明天皇 八三三―五〇
55 文徳天皇 八五〇―八
56 清和天皇 八五八―七六
57 陽成天皇 八七六―八四
58 光孝天皇 八八四―七
59 宇多天皇 八八七―九七
60 醍醐天皇 八九七―九三〇
61 朱雀天皇 九三〇―四六
62 村上天皇 九四六―六七
63 冷泉天皇 九六七―九
64 円融天皇 九六九―八四
65 花山天皇 九八四―六
67 三条天皇 一〇一一―六
66 一条天皇 九八六―一〇一一
68 後一条天皇 一〇一六―三六
69 後朱雀天皇 一〇三六―四五
70 後冷泉天皇 一〇四五―六八
71 後三条天皇 一〇六八―七二
72 白河天皇 一〇七二―八六
73 堀河天皇 一〇八六―一一〇七
74 鳥羽天皇 一一〇七―二三
75 崇徳天皇 一一二三―四一
77 後白河天皇 一一五五―八
76 近衛天皇 一一四一―五五
78 二条天皇 一一五八―六五
79 六条天皇 一一六五―八
80 高倉天皇 一一六八―八〇
81 安徳天皇 一一八〇―五
(守貞親王)
82 後鳥羽天皇 一一八三―九八
86 後堀河天皇 一二二一―三二
87 四条天皇 一二三二―四二
83 土御門天皇 一一九八―一二一〇
88 後嵯峨天皇 一二四二―六
84 順徳天皇 一二一〇―二一
85 仲恭天皇 一二二一―同

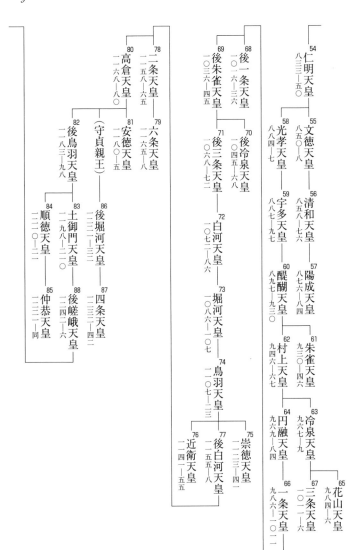

89 後深草天皇 一二四六—五九 — 92 伏見天皇 一二八七—九八 — 93 後伏見天皇 一二九八—一三〇一

- 1 光厳天皇 一三三一—三三
- 2 光明天皇 一三三六—四八

95 花園天皇 一三〇八—一八

90 亀山天皇 一二五九—七四 — 91 後宇多天皇 一二七四—八七

- 94 後二条天皇 一三〇一—八
- 96 後醍醐天皇 一三一八—三九 — 97 後村上天皇 一三三九—六八
  - 98 長慶天皇 一三六八—八三
  - 99 後亀山天皇 一三八三—九二

3 崇光天皇 一三四八—五一 —（栄仁親王）—（貞成親王）— 102 後花園天皇 一四二八—六四 — 103 後土御門天皇 一四六四—五〇〇 — 104 後柏原天皇 一五〇〇—二六

4 後光厳天皇 一三五二—七一 — 5 後円融天皇 一三七一—八二 — 100 後小松天皇 一三八二—一四一二 — 101 称光天皇 一四一二—二八

105 後奈良天皇 一五二六—五七 — 106 正親町天皇 一五五七—八六 —（誠仁親王）— 107 後陽成天皇 一五八六—一六一一 — 108 後水尾天皇 一六一一—二九

- 109 明正天皇 一六二九—四三
- 110 後光明天皇 一六四三—五四
- 111 後西天皇 一六五四—六三
- 112 霊元天皇 一六六三—八七

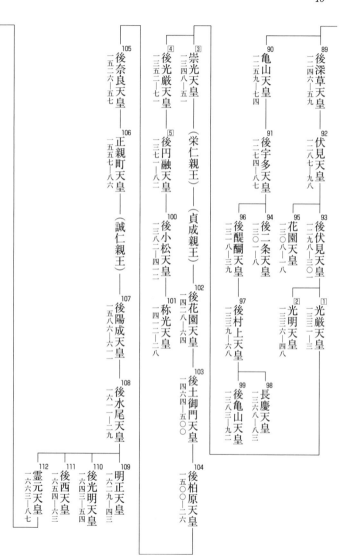

113 東山天皇 一六八七—一七〇九 — 114 中御門天皇 一七〇九—三五 — 115 桜町天皇 一七三五—四七

115 桜町天皇 — 117 後桜町天皇 一七六二—七〇

115 桜町天皇 — 116 桃園天皇 一七四七—六二 — 118 後桃園天皇 一七七〇—七九

113 東山天皇 — (直仁親王) — (典仁親王) — 119 光格天皇 一七七九—八一七 — 120 仁孝天皇 一八一七—四六 — 121 孝明天皇 一八四六—六六

122 明治天皇 一八六七—九一二 — 123 大正天皇 一九一二—二六 — 124 昭和天皇 一九二六—八九 — 125 今上天皇 一九八九—

(二〇一九年二月現在。内容は宮内庁「天皇系図」[http://www.kunaicho.go.jp/about/kosei/keizu.html] に依拠し、旧字を常用漢字に改めた。)

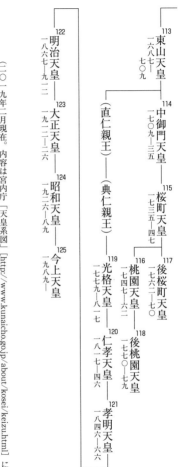

皇位継承を左右したもの――プロローグ

天皇の退位

平成二九年（二〇一七）六月、「天皇の退位等に関する皇室典範《こうしつてんぱん》特例法」（以下、特例法と略）が制定され、三年以内に、今上天皇（一二五代）の退位と、皇太子徳仁《なるひと》親王の即位《そくい》が行われることとなった。同年一二月には、平成三一年（二〇一九）四月三〇日に退位、翌五月一日に即位が行われることが、閣議決定された。

こうした特例法が必要となった理由は、昭和二二年（一九四七）に定められた現行の皇室典範の第四条に「天皇が崩じたときは、皇嗣《こうし》が、直ちに即位する。」とあるように、本来、天皇の崩御《ほうぎょ》（死去）以外の事由での皇位継承は認められていないためである。この点は、明治二二年（一八八九）に定められた旧皇室典範でも同様で、第十条で「天皇崩スルトキハ皇嗣即チ践祚《せんそ》シ祖宗ノ神器《じんぎ》ヲ承《う》ク」と規定されている。

一方で、日本史上、皇室典範制定以前においては、退位が数多く見られたことも、よく知られているであろう。本来、退位は、皇位継承者への継承とひとまとまりの行為であるため、歴史用語としては「譲位《じょうい》」と呼ばれるのが一般的である。そこで、本書でも以下、「退位」ではなく「譲位」と呼びたい。

現時点で最後に譲位を行った天皇は、文化《ぶんか》一四年（一八一七）に仁孝《にんこう》天皇（一二〇代）に譲位した、光格《こうかく》天皇（一一九代）である。譲位後の光格院は、天保《てんぽう》一一年（一八四〇）に亡くなるまで院政を行ったため、最後に院政を行った院として知られている。

逆に、日本史上最初に譲位した天皇は、大化《たいか》元年（六四五）の乙巳《いっし》の変の直後に譲位した、皇極《こうぎょく》天皇（三五代）である。以後、現在に至るまで、九〇代の歴代天皇のうち、譲位した天皇は今上天皇も含めて五七代。約三分の二の天皇が、存命中に譲位していることになる。

ただし、譲位した天皇と、終身在位した天皇とは、まんべんなく分布しているわけではなく、時代ごとの偏りが見られる。たとえば、寛正《かんしょう》五年（一四六四）に後花園《ごはなぞの》天皇（一〇二代）が譲位したのち、天正《てんしょう》一四年（一五八六）に正親町《おおぎまち》天皇（一〇六代）が譲位するまで、一二二年にわたって、譲位は行われなかった。この間、終身在位した天皇は、後土御門《ごつちみかど》天皇（一〇三代）・後柏原《ごかしわばら》天皇（一〇四代）・後奈良《ごなら》天皇（一〇五代）の三代である。

歴史上の退位

これに対して、譲位する天皇が最も多く続いたのは、寛元《かんげん》四年（一二四六）に譲位した後嵯峨《ごさが》天皇（八八代）から、正安《しょうあん》三年（一三〇一）に譲位した後伏見《ごふしみ》天皇（九三代）までであり、五五年間に六代もの天皇が譲位している。この時期を含む鎌倉時代には、最も多くの天皇が譲位を行っており、終身在位した天皇は、四条《しじょう》天皇（八七代）・後二条《ごにじょう》天皇（九四代）の、わずか二代でしかない。四条天皇は享年一二（数え年、以下同じ）、後二条天皇は享年二四と、いずれも若年で死去しており、終身在位はその結果であった。つまり、鎌倉時代に意図して終身在位した天皇は存在しなかったのである（後醍醐天皇［九六代］は死の前日に後村上天皇に譲位）。

皇位継承者はだれか

今上天皇の譲位および皇太子の即位にともなって浮上するもう一つの問題が、次期皇位継承者の処遇がどうなるかという点である。というのは、皇太子徳仁親王の即位後、皇位継承順位が第一位となる秋篠宮文仁《あきしののみやふみひと》親王は、天皇の弟ということになるが、皇室典範第八条では「皇嗣たる皇子を皇太子という。皇太子のないときは、皇嗣たる皇孫《こうそん》を皇太孫《こうたいそん》という。」と定められているのみであり、天皇の弟が皇嗣となるケースを想定していないからである。

この点について、特例法附則第十一条では、「皇位の継承に伴い皇嗣となつた皇族に関する事務を遂行するため、皇嗣職を置く。」という条項を宮内庁法の附則に加えると定められている。つまり、その立場は、「皇太子」ではなく、「皇嗣」と表現されるということである。

先に挙げた光格天皇より、現在に至るまで、皇位は、その時点での現天皇の男子へと受け継がれてきた。こうした継承のあり方は、男子直系継承と呼ばれる。直系とは親子関係のことを意味しており、兄弟関係などによる傍系継承に対応する言葉である。

現代で「跡を継がせる」といった場合、継がせる相手としてまずイメージされるのは、実子であろう。だが、皇位継承を歴史的に見れば、決してそうではなかった。今上天皇まで一二五代の天皇のうち、前天皇の子は六六代（うち、四四代元正《げんしょう》天皇・四六代孝謙《こうけん》天皇・一〇九代明正《めいしょう》天皇は女子）。つまり、半数近くの天皇は、前天皇の子ではなかったということになる。

また、今上天皇以前に譲位した天皇五七代のうち、譲位した相手が自分の子であった事例は、半数以下の二八代。もちろん、すべての皇位継承者は、父系（父・祖父・曽祖父……）をたどれば、いずれかの天皇と血統で結びついているのだが、それは現天皇とは限らなかった、ということである。

ちなみに、皇太子制度は古代に始まったが、皇太子制度開始後も、皇太子が置かれない時期が、しばしば存在した。それが最も長期にわたったのは、南北朝時代から江戸時代中期にかけてである。南北朝時代、南朝では皇太子が置かれていたものの、北朝では、観応《かんのう》二年（正平六、一三五一）に皇太子直仁《なおひと》親王が南朝によって廃されて以後、明徳《めいとく》三年（元中《げんちゅう》九、一三九二）に南北朝合一が行われた後も、皇太子は置かれなかったのである。

結局、皇太子不在が解消されたのは、天和《てんな》三年（一六八三）に朝仁《あさひと》親王（東山《ひがしやま》天皇、一一三代）が霊元《れいげん》天皇（一一二代）の皇太子に立てられたことによってであった。南北朝合一から約三〇〇年間の、長きにわたる皇太子不在時代であった。

このように、かつての皇位継承のあり方は、譲位の有無・皇太子の有無・皇位継承者との血縁関係という三点で、現代とは大きく異なっていた。これらの違いが生じた最大の要因は、その時々の、天皇と権力との関係の変化にある。

皇位継承を軸にした政治史像

現代の天皇は、日本国憲法で日本国・日本国民統合の象徴とされ、政治権力と直接にはつながっていない。それでも、その退位は重要な問題であり、特例法の制定まで、数多くの議論がなされた。

まして、皇位と権力とが直結していた時代において、皇位継承の問題が現代以上に重要な政治的意義を持っていたことは、言うまでもない。誰が皇位につくのかによって、権力の所在が、大きく動くこととなるのである。

もちろん、歴史上、常に天皇自身が自ら権力を行使し続けてきたわけではない。天皇の外戚《がいせき》（母方の親族）である藤原氏が摂政《せっしょう》・関白《かんぱく》として大きな権力を握った摂関政治期、天皇の直系尊属（父・祖父・曽祖父）である院が実権を握った院政期を経て、幕府が実権を掌握する武士政権の時代へと、権力の所在は推移した。

学校教育の場で描かれる、こうした政治史の流れにおいて、天皇自身の存在や皇位継承の問題は、影が薄く見える。しかしながら、摂関政治以降の時代においても、室町時代まで、天皇は政治的にまったく無力だったわけではなく、重要な存在であり続けていたし、皇位継承問題は、政治上で重要な位置を占め続けていた。

それどころか、天皇親政から摂関政治へ、摂関政治から院政へと、政治形態が移り変わる根本的な原因は、皇位継承問題にあった。武士政権の権力拡大や、平氏政権・鎌倉幕府の滅亡、南北朝内乱についても、皇位継承に対する武士の関与という問題が、深く関わっている。

歴史教科書や概説書などでは、こうした古代から中世にかけての権力のあり方の移り変わりや政治過程について、それぞれの時点でバラバラに説明がなされており、一般読者にとっては、政治史の全体像が、なかなかイメージしづらいのではないだろうか。皇位継承の問題を軸に据えることで、古代から中世末までの政治史像を、体系的に描き出すというのが、本書の一つ目のねらいである。

そしてもう一つ、皇位継承のあり方に大きな影響を与えたものは、天皇の親族関係をめぐる問題である。

天皇の親族関係

現在の皇室典範で、皇族の範囲は、皇后・太皇太后《たいこうたいごう》・皇太后・親王・親王妃・内親王《ないしんのう》・王・王妃・女王と定められている。このうち、女性皇族の構成は、旧皇室典範とほぼ同じである（旧皇室典範では、皇太孫・皇太孫妃がさらに含まれる）。

この皇族の範囲を言い換えると、「天皇の男系子孫、および、男系男子の配偶者となった女子」ということになる。逆に、天皇と女系（母・祖母・曽祖母……）でつながる子孫や、男系女子の配偶者となった男子は、「皇族女子は天皇及び皇族以外の者と婚姻したときは、皇族の身分を離れる。」と規定されているため（皇室典範第一二条、旧皇室典範第四四条も同様）、皇族とはなりえない。

こうした男系主義は、近代以降の皇室制度に限ったことではなく、歴史上、天皇の子孫と見なされるのは、天皇の男系子孫に限定されている。ただし、後述する通り、制度上は、天皇の女系子孫も天皇の子孫と見なされた可能性を示す規定があり、古代の女性天皇の問題と関連して、注目されている。

男系の範囲

現在の天皇の男系子孫に該当する皇族は、すべて、今上天皇の祖父大正《たいしょう》天皇（一二三代）の男系子孫である。しかしながら、昭和二二年（一九四七）以前においては、はるか以前の天皇に男系で連なる皇族も存在した。南北朝時代の崇《す》光《こう》天皇（北朝第三代）の男系子孫にあたる、伏見宮家《ふしみのみやけ》と、そこから男系で枝分かれした宮家もまた、皇族とされていたためである。

室町時代の正長《しょうちょう》元年（一四二八）、称光《しょうこう》天皇（一〇一代）は子孫なく崩じたため、伏見宮家の彦仁《ひこひと》王が、後小松《ごこまつ》院（一〇〇代、称光天皇父）の養子として迎えられ、即位した（後花園天皇、一〇二代）。以後、今上天皇に至るまで、皇位は後花園天皇の男系子孫によって継承されている。

一方、伏見宮家も、後花園天皇の弟である貞常《さだつね》親王の男系子孫によって、継承されていた。明治時代に皇族制度が整備された際、崇光天皇の代からすでに約五〇〇年を経ていたが、崇光天皇を祖とする宮家もまた、皇族として遇されたのである。

そんな彼らが皇族ではなくなった直接のきっかけは、第二次世界大戦での日本の敗戦であった。敗戦の結果、天皇の政治的位置付けが、国政の総攬者から国民の象徴へと大きく変化し、また、皇室財産の多くが国有化されるなかで、伏見宮家をはじめとする一一の宮家は、皇族の地位を離れたのである。

ただし、これらの宮家のうち、伏見宮家以外は、明治の初年に皇族制度が整備された当初、皇族扱いされるのは一代限りとされていた。その後、旧皇室典範によって、これらの宮家も永続的なものと定められたものの、明治四〇年（一九〇七）の皇室典範増補では、皇族の臣籍降下《しんせきこうか》（臣民の身分になること）に関する規定が設けられ、大正九年（一九二〇）には、五世以下の男子については、長子以外の王は臣籍降下することなどを定める施行準則が出されるなど、皇族の数を抑制する措置もとられていた。

こうした皇族の範囲の変遷が、皇位継承権の範囲の問題と直結していたことは、言うまでもない。江戸時代には、伏見宮家のほかにも、桂宮《かつらのみや》・有栖川宮《ありすがわのみや》・閑院宮《かんいんのみや》の三家が存在しており、先述の光格天皇は、後桃園《ごももぞの》天皇（一一八代）に子がなかったため、閑院宮家から養子に迎えられて、皇位を継承している。

近現代の皇室制度では、旧皇室典範以来、皇族の養子は認められていない。ところが、後花園天皇・光格天皇の例に見られるように、近代以前の皇位継承においては、養子として皇位を継承する例がしばしば存在した。養子関係による皇位継承の有無も、時代によって皇位継承のあり方が移り変わった、重要なポイントの一つである。

なお、近代以前の養子関係は、当時の記録などではしばしば「猶子《ゆうし》」と表記される。「猶子」とは「なほ、子のごとし」の意であり、実子同様の養育関係をともなうものから、身分の扱い上で形式的に待遇を与える程度の緩やかな関係まで、幅広い関係を含むものであった。本書では、便宜上、実子同様の養育をともなう関係については、当時「猶子」と表記されたものについても、「養子」として記述する。

皇族男子の婚姻

一方で、現代の皇室制度では、皇族の男子と結婚した皇族外の女子も、皇族とされる。具体的には、それまでの戸籍から除かれ、天皇・皇族の身分や系統を記録する皇統譜《こうとうふ》に記載されることになる。また、皇族には氏がないので、結婚によって氏はなくなり、名のみとなる。旧皇室典範においては、皇族外の女子で皇族男子と結婚可能なのは華族《かぞく》の女子に限られ、皇族男子と平民《へいみん》女子との結婚は認められていなかったが、華族の女子であっても、「戸籍から除かれ、皇統譜に記載される」「結婚によって氏はなくなり、名のみとなる」という点は同様であった。

こうした近代皇室制度開始以後のあり方を、それ以前のあり方と比較すると、二つの大きな違いが存在する。

まず、旧皇室典範以前は、皇族外の女子が皇族男子と結婚した場合においても、結婚前の氏がそのまま用いられた点である。これは皇族に限った話ではなく、明治三一年（一八九八）までは、一般に夫婦別氏が行われており、結婚に際して妻の氏が夫の氏に改められることはなかった。それが、明治三一年に、民法で、妻は結婚により夫の家に入ること・

戸主および家族は家の氏を称することが定められ、現在のような夫婦同姓の制度が行われるようになったのである。皇族には氏がないので、厳密にいえば夫婦同氏ではないが、妻が夫の家に入るという形式である点では、旧皇室典範は民法の内容を先取りするものであったといえよう。

一夫一妻制と一夫多妻制

結婚に関して、現在の皇室制度とそれ以前との間に存在する、より大きな違いは、妻の人数である。大正天皇以後、天皇の妻は皇后一人となったが、明治《めいじ》天皇までは、正妻である皇后のほかに、複数の女性が、天皇と関係を持っていた。

明治天皇の場合、皇后一条美子《いちじょうはるこ》（昭憲《しょうけん》皇太后）との間には子供が生まれなかったが、五人の女性が、天皇との間に子をなしている。大正天皇を産んだのは、権典侍《ごんのてんじ》柳原愛子《やなぎわらなるこ》（のち、典侍）であった。

典侍・権典侍は、天皇に仕える女官《にょかん》の一種である。明治天皇の子を産んだ、他の四人の女性も、同様に、公的には天皇に仕える女官であった。その意味では、明治天皇の公式の妻は皇后一人であり、「一夫多妻」というよりは、「一夫一妻多妾」ということになる。

本来、律令制の施行以前から、天皇の后《きさき》は複数存在した。律令制では、天皇の妻として、皇后の下に、妃二人・夫人三人・嬪《ひん》四人を置くことが定められていた。ところが、平

安時代の前期には、妃・夫人・嬪に代わって、女御《にようご》・更衣《こうい》が置かれることとなった。有名な『源氏物語』の冒頭の文に、

いづれの御時にか、女御、更衣あまたさぶらひたまひける中に、いとやむごとなき際にはあらぬが、すぐれて時めきたまふありけり。

とあるのは、まさにこれを指している。

ここで出てくる「更衣」も、本来は天皇の更衣（着替え）の世話をする女性の意であり、天皇との婚姻の儀式である入内《じゆだい》は行われない。これに対して、女御は、入内を経る、天皇の正式な妻であった。

さらに、平安時代中期、円融《えんゆう》天皇（六四代、在位九六九〜九八四年）の代を最後に、更衣も置かれなくなる。また、長保《ちようほ》二年（一〇〇〇）には、一条《いちじよう》天皇（六六代）の皇后となっていた藤原定子《ふじわらのていし》に加え、藤原彰子《しようし》が、新たに中宮《ちゆうぐう》に立てられている。本来、中宮は皇后の居所を指す語であったが、この時以来、中宮と皇后は、天皇の正妻として並立する存在となった。しかも、身分上は中宮の方が皇后よりも上位の存在として扱われている。

定子は清少納言の主人として、彰子は紫式部の主人として、それぞれよく知られた存在であるが、これもよく知られているように、定子の兄は藤原伊周《これちか》、彰子の父は藤原道長《みちなが》であり、彰子の入内は、伊周と道長との間の権力闘争で、道長が勝利した結果であった。当

時は摂関政治の全盛期であり、摂関として権力を掌握するためには、娘や姉妹を天皇の妻とし、生まれた男子を皇位につけることが必須であった。すなわち、天皇の結婚は、皇位継承に直結する重要な政治上の問題であり、中宮と皇后の並立という事態も、皇位継承の問題に関わって生じたものであった。

ところが、南北朝時代に入ると、南朝では中宮が立てられたものの、北朝では中宮・皇后はまったく立てられず、女御もほとんど存在しないような状態であった。こうした天皇の妻不在の状況がようやく解消されるのは、天正一四年（一五八六）、近衛前子《このえさきこ》が豊臣秀吉の養女として後陽成《ごようぜい》天皇（一〇七代）に入内したことによってである。

その後、後水尾《ごみずのお》天皇（一〇八代）・霊元天皇・東山天皇・光格天皇には中宮が立てられたが、それ以外は、ほとんどの場合、女御が一人だけ置かれ、実質的に正妻として扱われた。中宮が立てられた場合も、それ以外に女御が置かれることはなく、天皇と関係を持った他の女性は、公的には典侍などの女官として遇された。つまり、明治天皇の婚姻関係の祖型は、すでに戦国時代の終わりにできあがっていたということである。

皇位継承の「いつから、どのように」

ここまで概略を確認してきたように、皇位継承のあり方は、天皇と権力との関係、天皇の親族をめぐる問題と深く関わって、時代ごとに移り変わってきた。その歴史的な変遷の上に、現代の皇位継承の仕組みが存在しているのである。

そして、現代において、皇位継承問題に深く関わって、女性天皇・女系天皇・女性宮家の問題が論じられているのも、現代の日本社会における家と女性との関係が、前代までと大きく変化していることの現れにほかならない。日本国憲法で、天皇が日本の象徴・日本国民統合の象徴と位置付けられている以上、その親族のあり方も、日本社会における親族関係の象徴という意味合いを帯びてくるからである。

皇位継承に関わる事象に限らず、伝統として受け継がれてきた物事について、我々は、それが現在の姿で受け継がれてきたことを重視する。なぜなら、それが伝統と呼ばれている時点で、我々は、受け継ぐべき対象に何がしかの価値を見出し、それを今後も受け継いでいくべきものと考えているからである（仮に、過去から続く何物かにマイナスの評価を下していれば、それは伝統とは呼ばれず、旧弊などと呼ばれるだろう）。

しかしながら、伝統にも、必ず、何らかの始点や成立の途中経過がある。それもまた、伝統の重要な一面であるにもかかわらず、現在の姿で受け継がれてきた面が重視されることによって、「いつから、どのように」という問題は、しばしば見過ごされがちである。

そこで、本書では、現在の皇位継承につながるあり方が、いつから、どのように行われたかという成立過程について、天皇と権力との関係を縦糸、天皇と親族との関係を横糸として、できるだけ丁寧かつ明快に描き出すことを目指した。叙述の主たる時期は、天皇と権力との関わりが深い、室町時代までということになるが、先に述べたように、この時点で、現代に連なる皇位継承や天皇の親族のあり方の祖型は、すでに出来上がっている。本書が、皇位継承の移り変わりの面について知る、手引きとなれば幸いである。

＊

原則として、歴代天皇の系譜・代数・在位年数については、宮内庁ホームページ（http://www.kunaicho.go.jp/about/kosei/keizu.html）の記載に依拠した。本書中における「今上天皇」は、二〇一九年二月時点で在位中の天皇のことを意味する。敬称はすべて省略した。

年紀は、年号が制定されていない時期については西暦のみを記し、年号が制定されている時期については、和暦のあとのカッコ内に西暦を、南北朝の年号が併用されている時期については、北朝年号による和暦のあとのカッコ内に南朝年号による和暦と西暦を、それぞれ併記した。

桓武天皇以降、皇位継承にかかわる儀式は、新天皇が皇位を継承する儀式である践祚と、天皇が皇位の継承を臣下に宣する儀式である即位とに分離するが、本書では便宜上、践祚のことを「即位」と表現する。

「読み進めやすさ」を優先し、本文中で挙げる典拠については最小限に止め、参照した書籍・論文は、書末に参考文献としてまとめて掲げた。学説の詳細などについては、それらをご参照いただきたい。

古代の皇位継承

古代の皇位継承の原理

「万世一系」と女性天皇

「万世一系」という言葉がある。現在ではほとんど聞かれなくなったが、戦前の日本では、この言葉を知らない人はまずいなかっただろう。なにしろ、当時の大日本帝国憲法のいの一番、第一条に「大日本帝国ハ万世一系ノ天皇之ヲ統治ス」とあるように、戦前の日本にとっては、いわば、国のあり方についての根本理念とでもいうべき言葉だったのだ。

万世一系という言葉は、「天皇の血統が永遠にわたって、変わらず続く」ということを表す。すなわち、憲法でこの条文を最初に掲げるということは、日本では王朝の交代や断絶が過去においても起こらなかったし、今後も永久に続く、という宣言のようなものである。

ここでポイントとなるのは、「万世一系」と言ったときに、意識されている血統は、男系男子に限られることだ。実際、続く第二条には「皇位ハ皇室典範ノ定ムル所ニ依リ皇男子孫之ヲ継承ス」とあり、同時に制定された皇室典範と合わせて、明治二二年（一八八九）をもって天皇は男性に限られることが明文化されたのである。そこには、父親である現天皇から、男子である皇太子への皇位継承という、現代人のイメージする皇位継承の姿が描かれている。

しかし、よく知られているように、過去の日本には、女性の天皇が存在した。飛鳥時代の推古《すいこ》天皇（三三代）から、江戸時代の後桜町《ごさくらまち》天皇（一一七代）まで、その数、一〇代（八人）。皇極《こうぎょく》天皇（三五代）は譲位後に斉明《さいめい》天皇（三七代）として、孝謙《こうけん》天皇（四六代）は譲位後に称徳《しょうとく》天皇（四八代）として、再度即位している。このように一度譲位した天皇が再度皇位につくことを「重祚《ちょうそ》」という。このうち、江戸時代の明正《めいしょう》天皇（一〇九代）・後桜町天皇以外は、奈良時代までに即位した天皇である。

これらの女性天皇について、かつての研究では、皇位の父子継承を前提にして、男性天皇が即位するまでの「中継ぎ」として即位したものと評価してきた。しかし、近年の研究では、古代の女性天皇に対する評価は改められつつある（荒木一九九九、仁藤二〇〇三・二〇〇六、義江二〇一一）。

古代の女性天皇の重要性

古代の女性天皇が占めた地位の重要性について、具体例を簡単に紹介しておこう。まず、最初の女性天皇である推古天皇についてだが、彼女は欽明天皇（二九代）の娘にして敏達《びだつ》天皇（三〇代）の妻であり、五八五年に敏達天皇が没した後は、オオキサキとして天皇とともに統治権を行使していたと考えられている。

オオキサキは推古天皇のころに成立したとされている地位で、天皇と同様に、豪族たちの意向によって擁立され、死ぬまでその地位にあった。つまり、オオキサキは現天皇の妻とは限られなかったわけで、即位前の推古天皇は、用明《ようめい》天皇（三一代）・崇峻《すしゅん》天皇（三二代）の代にも引き続きオオキサキとして統治に関与していた。この統治実績が、五九二年に推古天皇が天皇に擁立されるにあたって、重要な役割を果たしたと考えられている。

推古天皇の治世は足かけ三七年もの長きに及び、六二六年に推古天皇が亡くなって舒明《じょめい》天皇（三四代）が後継者として決定された際には、推古天皇の遺志が影響を及ぼしている。それまで、天皇は豪族たちの推挙によって擁立されていたが、推古天皇の遺志が豪族たちの判断に影響を与えている点は、天皇自身の意向による皇位継承者の決定につながる第一歩として重視されている。

皇位継承者決定への関与を可能としたのも、統治者として推古天皇が占めた地位の重みのなせる業だったのであって、推古天皇は、単なる中継ぎなどと評価できない、正統の皇位継承者だったのである。彼女に続く女性天皇である皇極天皇（斉明天皇）・持統《じとう》天皇（四一代）・元明《げんめい》天皇（四三代）・元正《げんしょう》天皇（四四代）も、即位以前から統治実績を積んでおり、中継ぎという消極的な立場ではなく、正統の皇位継承者として即位している。

父系と母系が同じ重みをもつ双系制社会

古代最後の女性天皇である孝謙天皇（称徳天皇）の場合も、ここまで述べてきたような女性天皇の伝統の上に即位しているのであって、必ずしも、男子不在による苦し紛れの即位というわけではない。また、最終的に称徳天皇の後継者となる光仁《こうにん》天皇（四九代）は、聖武《しょうむ》天皇（四五代）の娘である井上内親王を妻としており、両者の間に生まれた他戸《おさべ》親王が皇太子とされることで、皇統は、当初、母系を通じて受け継がれるよう設定されていたのである（実際には、宝亀《ほうき》三年［七七二］に他戸親王が廃太子《はいたいし》され、実現せず）。

もちろん、飛鳥時代には蘇我《そが》氏などの有力豪族出身のキサキも存在し、用明天皇・崇峻天皇・推古天皇と、蘇我氏出身のキサキ所生の天皇が三代連続している。律令制が施行された奈良時代に入ると、藤原氏の影響力によって、藤原氏所生の皇子女への皇位継承も行われるようになる。しかしながら、聖武天皇の生母藤原宮子《ふじわらのきゅうし》はあくまで夫人であり、皇后にはなれなかった。神亀《じんき》元年（七二四）の聖武天皇即位に際し、宮子の処遇が問題となり、聖武天皇の勅《ちょく》にクレームを付けた長屋王《ながやおう》が天平元年（七二九）に失脚し自害に追い込まれると、聖武天皇の夫人であった藤原光明《こうみょう》子《し》が皇后とされたことは、よく知られている。

以後、臣下出身の皇后が一般化し、天皇の外戚の地位が重要となっていくが、それ以前の皇位継承において女性や母系が重視されたのは、古代日本が双系制社会、すなわち、父系（男系）と母系（女系）の双方の出自が同等の重みをもつ社会であったからだ。日本で良男・良女間の子を父親の氏族に属させるよう定められたのは、記録上は大化《たいか》元年（六四五）のこととされており、実際には、七世紀後半の天智《てんじ》天皇（三八代）の治世にこうした政策が行われ、八世紀にかけて、父系制社会へと緩やかに移行したと考えられている。

この点に関連して注目されているのは、大宝《たいほう》元年（七〇一）に施行された大宝令で、女性天皇の皇子女も、男性天皇の皇子女と同様に、親王《しんのう》・内親王《ないしんのう》とするとされていたことである。このことは、女性天皇の皇子女も皇位継承権を有する存在であったことを意味する。中国の律令を反映して、日本の律令では男系主義を採っているが、その中に残された双系制社会の名残が、この女性天皇の皇子女に関する規定であった。

結局、女性天皇は、男系主義の浸透により、称徳天皇でいったん消滅する。江戸時代の明正天皇・後桜町天皇こそ、皇位継承者たるべき男子不在の状況で擁立された、まさに

「中継ぎ」の天皇であった。

兄弟姉妹間での皇位継承

女性天皇の存在以外にも、古代の皇位継承には、現代との重要な違いが存在する。まず、現代では皇位が父親から男子へと親子で受け継がれるのに対し、古代では多くの場合、兄弟姉妹など同世代の間で皇位が受け継がれたことである。

たとえば、継体《けいたい》天皇（二六代）以後、皇位は、継体天皇の子である安閑《あんかん》天皇（二七代）・宣化《せんか》天皇（二八代）・欽明《きんめい》天皇によって、三代にわたって兄弟間で継承されたのち、欽明天皇の子である敏達天皇・用明天皇・崇峻天皇・推古天皇によって、四代にわたって兄弟姉妹間で継承されている。

親子間ではなく、兄弟姉妹間で皇位が継承された理由は、天皇には、統治権を行使するための政治的な判断能力を備えていることが求められたからである。具体的には、およそ四〇歳以上が適正年齢とされており、五三九年に三九歳で天皇に推戴された欽明天皇は、若年であることを理由に、一度は皇位を辞退したほどであった。

また、現代では、皇位継承順は現天皇との血縁の近さや出生順などで明確に規定されているのに対し、古代の皇位継承順は明確ではなく、天皇は有力豪族らの合議によって決定された。それゆえ、たとえ現天皇の長男であっても、皇位を継承できるかどうかは確実ではなかった。しかも、古代の天皇は複数の妃を持つのが常であったから、母の出自も、皇位継承者の決定に重要な影響を及ぼしたのである。

相次ぐ「皇太弟」

実は、平安時代に入り、女性天皇が消滅したのちも、兄弟間での皇位継承は、引き続き見られていた。この点にこそ、本書の掲げた視角、皇位継承と権力との関係の問題が、深く関わっている。

たとえば、光仁天皇の跡を継いだ桓武《かんむ》天皇（五〇代）の皇太子に当初立てられたのは、同母弟の早良《さわら》親王であった。このように、皇太子が現天皇の弟の場合、呼称は特別に「皇《こう》太弟《たいてい》」とされる。

延暦《えんりやく》四年（七八五）、早良親王は藤原種継《ふじわらのたねつぐ》暗殺事件に関連して謀反の罪に問われ、皇太弟の地位を廃された。代わりに皇太子とされたのは、桓武天皇の長男である安殿《あて》親王（平城《へいぜい》天皇、五一代）である。しかし、これでもまだ皇位の父子継承は定着せず、大同《だいどう》元年（八〇六）に平城天皇が即位すると、同母弟の神野《かみの》親王（嵯峨《さが》天皇、五二代）が皇太弟に立てられ、再び兄弟間での

図1　平安時代初期の皇太子・皇太弟

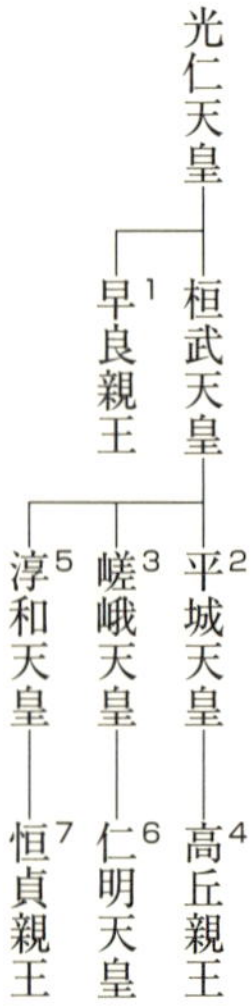

※数字は立太子（立太弟）順

皇位継承が予定されたのである。

それどころか、大同四年（八〇九）に平城天皇から嵯峨天皇への譲位が行われると、新たに皇太子とされたのは、平城天皇の皇子である高丘《たかおか》親王であった。高丘親王は嵯峨天皇にとって甥にあたるわけで、弟以上に血縁は遠い存在である。ちなみに、このような場合でも呼称は「皇太子」のままで変わらない。

弘仁《こうにん》元年（八一〇）に平城上皇の変が起こり、平城上皇が嵯峨天皇との政務の主導権争いに敗れると、高丘親王は皇太子を廃された。それでも、代わって皇太子とされたのは、嵯峨天皇の皇子ではなく、嵯峨天皇の異母弟、大伴親王（淳和《じゅんな》天皇、五三代）であった。またも皇太弟の擁立である。

相次ぐ皇太弟の出現は、天皇が自ら統治権を行使した、親政という当時の政治状況と、密接に関わっていた。天皇が親政を行う以上、天皇の急死などによる権力の空白を避けるためには、皇太子もある程度の年齢であることが求められる。同じ理由で、皇太子が空位となることもほとんどなく、新天皇の即位と近接して、新皇太子の擁立が行われている。これはおそらく、皇太子不在の状況が政治的混乱を引き起こした奈良時代の皇位継承のあり方を反面教師としたものであろう。

これら平安時代初期の皇太弟について、立太弟時に現天皇の長男の年齢がいくつだったかを書き上げると、表の通りとなる。いずれの場合も、長男は幼年であるどころかまだ生まれていなかった可能性もあり、このような状況では、天皇が自身の皇子を皇太子とすることは不可能であった。父から男子へと皇位を継承するというのは、一見とても自然なことのように思えるが、実際には案外難しいものなのである。

表　立太弟時の天皇の長男の年齢

皇太弟	現天皇の長男	年齢
早良親王	安殿親王（平城天皇）	八歳
神野親王（嵯峨天皇）	高丘親王	八歳
大伴親王（淳和天皇）	正良親王（仁明天皇）	未出生ないし一歳

※正良親王は誕生の月日が未詳

それでは以上のような古代日本における兄弟姉妹間の皇位継承は、現代につながる男系での父子継承、すなわち、男子直系継承へと、いつ、どのようにして移り変わったのだろうか。この問題は、摂関政治・院政という、その後の政治形態の問題とも深く関わっている。以下、順を追って見ていこう。

皇位継承と摂関政治

皇位の父子継承と摂政の登場

平城《へいぜい》上皇の変以後、皇位は嵯峨《さが》天皇→淳和《じゅんな》天皇→仁明《にんみょう》天皇（嵯峨天皇の皇子、五四代）と受け継がれ、仁明天皇の皇太子には、淳和天皇の皇子である恒貞《つねさだ》親王が立てられた。このまま事態が推移すれば、嵯峨天皇の子孫と淳和天皇の子孫から、交互に天皇が輩出されることになる。とはつまり、二つの皇統が分立するということだ。

こうした状況は、承和《じょうわ》九年（八四二）の承和の変で皇太子恒貞親王が廃され、代わりに仁明天皇の長男である道康《みちやす》親王（文徳《もんとく》天皇、五五代）が皇太子とされたことで収束する。この事件で大きな役割を果たしたのが、藤原良房《ふじわらのよしふさ》、のちに藤原氏で初の摂政となる人物である。道康親王の母は良房の妹順子《じゅんし》であり、良房にとって道康親王は甥にあたる。

図2　藤原良房と天皇との姻戚関係

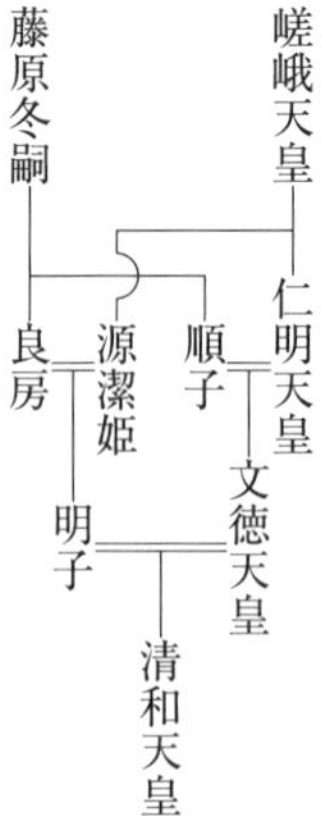

良房はさらに娘明子《めいし》を道康親王の皇太子妃としたが、嘉祥《かしょう》三年（八五〇）道康親王が即位した直後に、明子は男子を出産する。これが惟仁《これひと》親王（清和《せいわ》天皇、五六代）であり、惟仁親王は、同年のうちに、わずか生後八か月で皇太子に立てられた。

このような幼少の皇太子の前例は、神亀《じんき》四年（七二七）聖武《しょうむ》天皇の皇子が生後三二日で皇太子とされ、翌年に夭折した、という不吉なものしかない。このとき、文徳天皇は二四歳であり、天皇・皇太子がともに長生きすることを前提とした立太子だったのだろうが、こうした見通しは、文徳天皇が天安《てんあん》二年（八五八）に三二歳の若さで急死したことにより潰えた。これにより、清和天皇がわずか九歳で即位する。清和天皇はいまだ元服を迎えておらず、史上初めて、未成年の天皇、すなわち幼帝が、単独で即位したのであった（六九七年に文《もん》武《む》天皇が一五歳で即位した際には、持統太上天皇《じとうだじょうてんのう》が存在）。

こうした事態を避けるため、文徳天皇は、清和天皇の異母兄である惟喬《これたか》親王を中継ぎとして即位させることも検討したと伝えられる（『吏部王記《りほうおうき》』逸文）。しかしながら、惟喬親王が即位すれば、これまでと同様に、惟喬親王の子孫も皇位継承権を得ることとなり、再び皇統が分立する。

結局、惟喬親王の即位案は見送られ、代わりに取られた措置こそが、藤原良房による統治権の代行であった。良房が正式に摂政とされたのは貞観《じょうがん》八年（八六六）のことであったが、実際には、清和天皇の即位直後から、太政大臣として統治権の代行を行っている。良房は文徳天皇のおじ・舅、清和天皇の外祖父にあたるだけでなく、妻の源　潔姫《みなもとのきよひめ》は嵯峨天皇の皇女であり、その間に生まれた娘が、清和天皇の母となった明子であった。こうした嵯峨天皇系との深い血縁・姻戚関係と、承和の変以来果たしてきた重要な政治的役割が、良房の統治権の代行を可能としたのである。

関白の登場

摂政による統治権の代行が可能となった結果、幼年での立太子や即位が忌避されることはなくなり、皇位の父子継承が連続して行われるようになる。

貞観一一年（八六九）には、清和天皇と藤原　高子《ふじわらのこうし》との間に生まれた貞明　親王《さだあきら》（陽成《ようぜい》天皇、五七代）が二歳で立太子《りったいし》し、貞観一八年（八七六）に九歳で即位する。ここに、仁明天皇―文徳天皇―清和天皇―陽成天皇と、四代にわたる皇位の父子継承が実現したのであった。

陽成天皇の即位に先立ち、藤原良房はすでに貞観一四年（八七二）に亡くなっていたため、摂政として幼帝を補佐したのは、良房の養子で陽成天皇のおじにあたる基経《もとつね》（高子の兄）であった。ところが、陽成天皇や母の高子は、基経と対立した上に、陽成天皇が乳母の子である源益を殴り殺すという事件を起こしたため、元慶《がんぎょう》八年（八八四）、陽成天皇は基経によって譲位に追い込まれてしまう。

基経は、次の天皇として、当時の皇子の中で最長老格であった光孝《こうこう》天皇（仁明天皇の三男、五八代）を擁立した。このとき問題となったのが、前摂政である基経に対する待遇である。

即位時に五五歳であった光孝天皇には、当然、摂政は不要である。また、光孝天皇は、それまで皇位継承の圏外にいたため、良房や基経との姻戚関係も持たなかった。とはいえ、光孝天皇としては、前摂政で現任の太政大臣であり、即位に功績のあった基経を、ないがしろにするわけにもいかない。

結果、光孝天皇は、基経に対し、天皇に上奏される案件や、それに対する天皇の決裁に対し、あらかじめ諮問を受けるよう定めた詔を発した。このとき、「関白」の称はまだ見られないが、ここで定められた基経の職掌は、関白と同等のものであった。

その後、仁和《にんな》三年（八八七）に光孝天皇が死去し、子の宇多《うだ》天皇（五九代）が二一歳で即位すると、基経は関白に任じられた。このとき、基経を「阿衡《あこう》」という地位に付ける旨の詔が出されたのに対し、基経が阿衡には具体的な権限・職掌がないと主張し、出仕を一時拒否したことは、「阿衡の紛議」としてよく知られている。

摂政・関白の定着

以上のような試行錯誤の末、藤原良房・基経が摂政・関白とされたとはいえ、それによって、摂政・関白が、制度として直ちに定着したわけではなかった。寛平《かんぴょう》三年（八九一）に基経が死去すると、宇多天皇は代わりの関白を置かなかったのである。

しかし、そのわずか六年後の寛平九年（八九七）に、宇多天皇は子の醍醐《だいご》天皇（六〇代）に譲位を行う。このとき、醍醐天皇はわずか一三歳であり、即位と同時に元服したばかりであって、親政は不可能であった。また、先述の平城上皇の変の結果、上皇は政務に直接関与することができなくなっており、院政の制度もいまだなかったため、宇多《うだ》上皇が政務を執ることも不可能であった。

このため、譲位の宣命《せんみょう》（天皇の命令）の中で、基経の子藤原時平《ふじわらのときひら》と、宇多天皇側近の菅原道真《すがわらのみちざね》とに、関白とほぼ同等の権限が与えられ、醍醐天皇を補佐することと定められた。後代の史料では、二人の地位は「内覧《ないらん》」と表現されている。内覧は関白に準じる地位で、関白と同等の権限を有するものである。

二人はともに大納言《だいなごん》であったが、父祖伝来の政治力や権威を有する時平と、学者から急激に立身した道真とが並立する体制というのは、無理がありすぎた。結局、延喜《えんぎ》元年（九〇一）に道真が失脚することで、この体制は終わりを迎えるが、その直接の原因となったのは、道真が、醍醐天皇を廃し、娘婿の斉世親王《ときよ》（宇多天皇の子、醍醐天皇の弟）を擁立しようとしている、という讒言であった。

その後、醍醐天皇と藤原穏子《おんし》（基経の娘、時平の妹）との間に生まれた保明《やすあきら》親王が延喜四年（九〇四）に皇太子となるが、延長《えんちょう》元年（九二三）に二一歳で早世する。次いで、保明親王と藤原仁善子（時平の娘）との間に生まれていた慶頼《よしより》王が皇太子とされるが、延長三年（九二五）にわずか五歳で夭逝する。時平が延喜九年（九〇九）に三九歳で亡くなったことも含め、これらの若年での死が道真の怨霊の祟りによるものとされたことは、よく知られている。

最終的に、醍醐天皇が延長八年（九三〇）に亡くなると、皇位は朱雀《すざく》天皇（六一代）に継承された。このとき、朱雀天皇は八歳。醍醐天皇は、死の七日前に発した朱雀天皇に譲位する宣命の中で、藤原忠平《ただひら》を摂政とした。忠平は時平の弟であり、朱雀天皇のおじにあたる。

承平《じょうへい》七年（九三七）に朱雀天皇が元服を遂げると、忠平はたびたび摂政を辞して認められずにいたが、天慶《てんぎょう》四年（九四一）、朱雀天皇は忠平の摂政辞任を認め、代わりに忠平を関白とした。ここに、摂政は幼帝時の政務代行、関白は成人天皇時の政務補佐役という、摂関政治の基本的な枠組みが定まったのである。

天皇と藤原氏との相互依存

摂関政治に対する一般的な受け取られ方は、「藤原氏が天皇との外戚関係を利用して権力を私物化した」というものだろう。

しかし、天皇の側から考えてみると、先述の通り、文徳天皇が皇位につけたのは、承和の変での藤原良房の働きのおかげである。清和天皇にしても、政務代行者としての良房の存在がなければ、皇位継承は少なくとも先延ばしになっていたことは間違いない。

良房が摂政となった時、清和天皇は一七歳であり、すでに当時の成人年齢を迎えて元服していた。ゆえに、良房が政務を返上しようとしたのに対し、天皇が引き続き政務の代行を求めたというのが、良房の摂政就任の実情であった。天皇と摂政は、いわば「持ちつ持たれつ」の関係にあり、天皇の側も摂政の存在を必要とした。こうした相互依存の上に、皇位の父子継承が実現したのである。

以後、元慶八年（八八四）の陽成天皇から光孝天皇への譲位という突発的な事態や、天慶九年（九四六）の朱雀天皇から村上《むらかみ》天皇（六二代、朱雀天皇の弟）への譲位という男子不在による皇位の兄弟継承は存在したものの、これらはいずれも例外であった。皇位継承の歴史上、承和九年（八四二）の道康親王（文徳天皇）立太子から、冷泉《れいぜい》天皇（六三代）の即位する康保《こうほ》四年（九六七）までの一二五年は、言ってみれば、最初の父子継承の時代であった。

皇位継承を左右する外戚の事情

　こうして一度は実現した父子継承の時代に終わりを告げたのは、康保四年、冷泉天皇の即位直後に行われた、守平《もりひら》親王（円融《えんゆう》天皇、六四代）の立太子である。守平親王は冷泉天皇の同母弟だから、実際には皇太弟であった。


　守平親王の父である村上天皇も、同様に朱雀天皇の同母弟であったが、天皇の弟が皇位継承者とされたという点は同じであっても、両者の政治的な位置付けは、まったく異なる。

　村上天皇が朱雀天皇の皇太弟とされたのは天慶七年（九四四）のことであったが、それまで朱雀天皇の皇子が生まれることが期待されていたため、皇太子は一四年にわたって空位となっていた。つまり、本来皇位は朱雀天皇の子孫に受け継がれるべきと考えられていたのであって、村上天皇とその子孫が皇位を継承したのは、イレギュラーな事態だったということである。これに対し、円融天皇は、冷泉天皇が即位した直後に皇太弟とされている。これはつまり、兄弟間での皇位継承は当初から既定路線だったということだ。

　こうした措置が取られた理由は、冷泉天皇が生まれつき精神面で問題を抱えており、天皇の任に堪えなかったことにあった。実際、冷泉天皇は、在位わずか二年で、安和《あんな》二年（九六九）円融天皇に譲位している。

それなら、最初から冷泉天皇を皇位につけなければよさそうなものだが、そうもいかない事情があった。冷泉天皇には、競争相手として異母兄の広平《ひろひら》親王がいたため、冷泉天皇の外戚である藤原師輔《もろすけ》（基経の孫）らにとっては、冷泉天皇を生誕早々に皇太子とすることで、皇位継承を盤石にする必要があったからである。

ここで注目すべきことは、冷泉天皇と円融天皇との間にはもう一人、同母兄弟の為平《ためひら》親王が存在したことである。すなわち、為平親王は出自に関しては円融天皇とまったく同条件であり、円融天皇より年長であったにもかかわらず、皇太弟になれなかったということになる。

その理由は、外戚である藤原師輔一門の側の事情にあった。村上天皇の中宮《ちゅうぐう》として冷泉天皇・為平親王・円融天皇を産んだのは、師輔の娘藤原安子《あんし》であった。ところが、冷泉天皇が康保四年に即位したとき、為平親王はすでに師輔一門以外から、妻を迎えていたのである。

妻の父は、源高明《みなもとのたかあきら》。醍醐天皇の皇子と高い出自を持つ上、学識も高く、左大臣として摂関に次ぐ地位にあった。高明は師輔の娘を妻としており、師輔の息子たちとは姻戚関係にあったが、それだけにかえって競争者として警戒されることとなったのである。かくして、為平親王は皇太弟の座を逃し、高明は追い打ちのように謀反の嫌疑をかけられて、安和二年に失脚する（安和の変）。

皇統の再分立

安和二年に冷泉天皇が弟の円融天皇に譲位すると、皇太子とされたのは冷泉天皇の長男師貞《もろさだ》親王（花山《かざん》天皇、六五代）であった。以後、皇位は花山天皇—一条《いちじょう》天皇（六六代）—三条《さんじょう》天皇（六七代、花山天皇の異母弟）—後一条《ごいちじょう》天皇（六八代）と、冷泉天皇・円融天皇の子孫によって、交互に継承される。皇位の父子継承は途絶え、再び、かつての承和の変以前の状況と同様に、皇統が分立する状況に陥ったのである。

重要な点は、前回と今回とでは、皇統が分立した理由がまったく異なることである。すでに見てきたように、桓武《かんむ》天皇の皇子たちの間で皇統が分立したのは、天皇の年齢と統治権に関わる事情が主因であった。これに対し、今回の皇統の分立は、外戚である藤原師輔一門の事情であり、天皇の側の主体的な要因は存在しない。言い換えれば、皇位継承者が誰になるかは外戚の力によって決定されたのであり、皇位継承者を決定する権利は、天皇から失われたのである。

藤原道長の権力の源泉

師輔の子孫の中でも、天皇の外戚として最大の権力を握ったのは、藤原道長であった。

道長の時代は摂関政治の最盛期として知られているが、道長が摂政・関白の地位にあった期間は、実は、長和《ちょうわ》五年（一〇一六）後一条天皇の即位にともない摂政となった時の、約一年間に過ぎない。摂政就任以前の道長は、長徳《ちょうとく》元年（九九五）に一条天皇によって内覧とされて以後、二一年の長きにわたって内覧を務めていた。

母方のおじである道長が、関白ではなく内覧にとどめられたのは、道長がこの時点でまだ権大納言だったからであった。しかし、道長は、大臣昇進後も関白とはならず内覧にとどまり、内覧であることを逆手に取って、関白であれば通常は兼任しない左大臣を長く務めた。そして、一上《いちのかみ》（太政大臣を除く公卿の首席）として、重要事案を審議するために上級貴族である公卿たちによって開催される会議である陣定《じんのさだめ》を取り仕切るなど、実権を掌握していったのである（元木一九九六）。

寛弘《かんこう》八年（一〇一一）には一条天皇から三条天皇へと譲位が行われたが、道長は三条天皇にとっても母方のおじであり、引き続き左大臣・内覧であった。政治的主導権を発揮しようとした三条天皇は、道長との政治的対立を引き起こしたうえ、眼病を患って政務に困難を来たしたため、長和五年（一〇一六）に、後一条天皇へと譲位した。

そして、長和五年に即位した後一条天皇の外祖父として、道長は摂政に就任する。その後、就任翌年の寛仁《かんにん》元年（一〇一七）に、摂政を子の藤原頼通《よりみち》に譲って辞任した後は、一〇年後の万寿《まんじゅ》四年（一〇二七）に死去するまで、道長は、ほとんど公的な官職には就かな

図3　藤原道長と天皇との姻戚関係

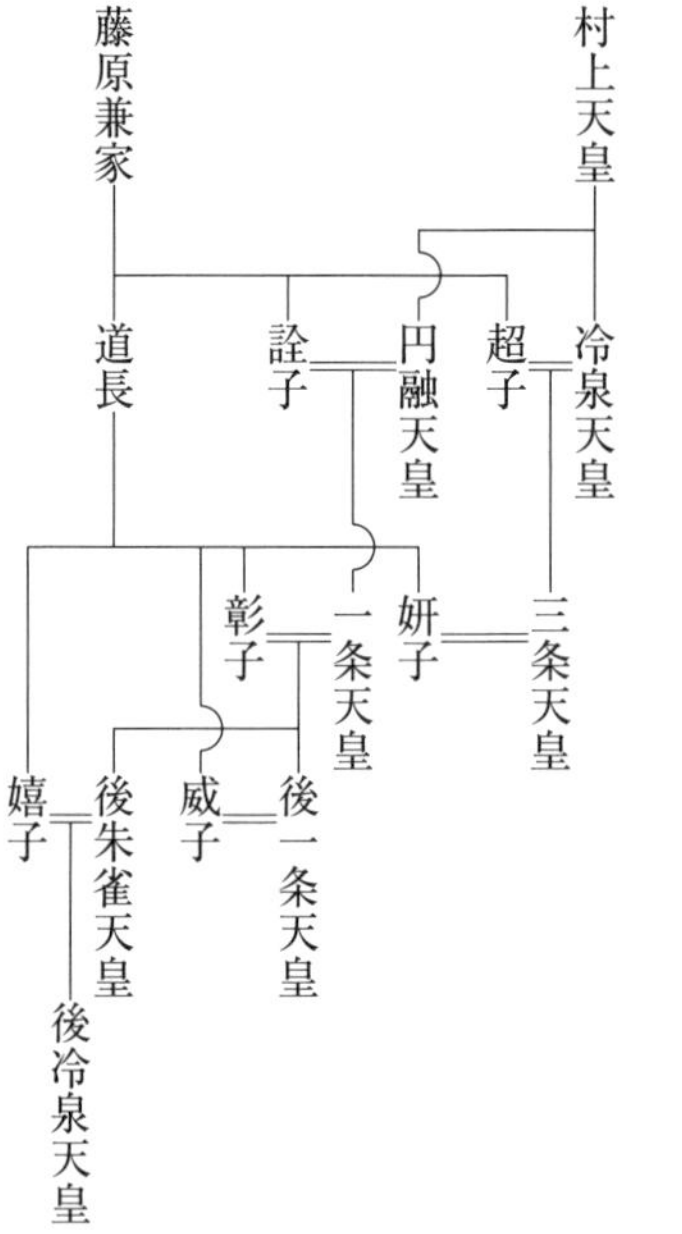

かった（寛仁元年一二月～翌年二月のみ、後一条天皇の元服加冠《かかん》役のため太政大臣任官）。

　にもかかわらず、摂政辞任後も、国政は道長の意向により動かされていた。こうして、天皇の外戚の地位を長く占め、実権を完全に掌握した道長にとって、正式の摂関か否かは、もはや重要ではなくなっていたのだ。道長といえば自らの権勢を誇った「望月の歌」を詠んだことで知られるが、この歌が詠まれたのも、摂政辞任後のことである。

外戚の立場を独占した道長

　こうなってくると、皇位継承も、もはや道長の意のままであった。長和五年に後一条天皇が即位した際、皇太子とされたのは三条天皇の子の敦《あつ》明《あきら》親王であったが、外戚関係を持たない敦明親王に、道長が有形無形の圧迫を加えたため、耐えかねた敦明親王は、翌寛仁元年に、自ら皇太子の座を降りてしまう。

以後、冷泉天皇の子孫は皇位継承から外れ、皇位継承は円融天皇の子孫に一本化されるのだが、問題は、次に皇太子とされたのが、後一条天皇の同母弟敦良親王（後朱雀《ごすざく》天皇、六九代）、すなわち皇太弟だったことである。このまま天皇と皇太弟の双方に男子が誕生すれば、皇統が分立する状況は解消されないまま残ることになる。結局、後一条天皇には男子が生まれなかったため、皇位は弟の後朱雀天皇の子孫に受け継がれたとはいえ、道長にとっては、皇統が一本化されることよりも、自身の外孫である敦良親王が皇位を継承し、外戚の立場を維持することの方が重要だったのだ。

さらに、外戚の立場の独占のため、晩年の道長は、天皇の妻も、自身の娘で独占していた。道長は、一条天皇・三条天皇・後一条天皇の三代にわたって、自身の娘を后としていたが、一条天皇には皇后藤原定子《ていし》（藤原伊周《これちか》の娘）などが、三条天皇の場合は皇后藤原娍《せい》子《し》（藤原済時《なりとき》の娘）などが、道長の娘と並立していた。ところが、後一条天皇の場合、后妃は中宮藤原威子《いし》（道長の娘）のみであり、女御《にょうご》なども含め、他の妻は一人も知られていない。後朱雀天皇の場合も、当初は尚侍《しょうじ》（本来は女官だがこの時期には后妃の待遇の一つとなっていた）として藤原嬉子《きし》（道長の娘）がいただけで、他の后妃が入内するのは、道長と嬉子がともに死去したのちのことである。

天皇の妻を自身の娘で独占することは、皇位継承者を決定する権利を独占することに直結する。天皇の子を産む可能性のある女性が制限されてしまえば、必然的に皇位継承者の選択肢が限定されてしまうからだ。後一条天皇・後朱雀天皇に男子が何人生まれようとも、道長にとってはそのすべてが自身の外孫であり、外戚の地位は常に保障されているのである。

後三条天皇の即位

こうした藤原道長の成功は、本人の政治的力量に負うところも大きかったことは確かだが、一方で、多くの娘に恵まれ、その多くが天皇の后となって後継ぎを産んだという、類まれな幸運の結果であったことも否めない。

ところが、道長の息子たちは、こうした幸運には恵まれなかった。後朱雀天皇の男子は、先述した道長の娘嬉子が産んだ皇太子親仁《ちかひと》親王（後冷泉《ごれいぜい》天皇、七〇代）のほかには、禎子《ていし》内親王が産んだ尊仁《たかひと》親王（後三条《ごさんじょう》天皇、七一代）があるだけで、道長の息子たちが入内させた娘が男子を産むことはなかったのである。寛徳《かんとく》二年（一〇四五）に後冷泉天皇が即位すると、後冷泉天皇には男子がなかったため、尊仁親王が皇太弟に立てられた。その後、道長の息子たちは後冷泉天皇にも娘を入内させるが、やはり男子の誕生を見ることなく、治暦《じりやく》四年（一〇六八）に後冷泉天皇は死去し、後三条天皇が即位する。

すでに見たように、藤原良房が清和天皇の摂政となって以後、良房の子孫が外戚ではない天皇は、突発的に即位した光孝天皇と、その子・孫である宇多天皇・醍醐天皇のみであり、延長八年（九三〇）に朱雀天皇が即位したのち、一〇代一三八年にわたって、良房の子孫が、外戚の地位を独占してきた。後三条天皇の即位によって、その独占が、ついに終わりを告げたのである。

歴史教科書等では、後三条天皇の即位を、摂関政治の終わりとして強調している。後三条天皇の子の白河《しらかわ》天皇も、応徳《おうとく》三年（一〇八六）に院政を開始した天皇として強調されている。

実際、延久《えんきゅう》の荘園整理令の発令など、後三条天皇の親政が可能となったのは、有力な外戚が不在であったことが大きい。しかし、後三条天皇の治世においても、藤原教通《のりみち》（道長の五男、頼通《よりみち》の同母弟）が関白を務めたように、それによって摂政や関白という地位そのものが廃止されたわけではない。

また、後三条天皇の皇太弟時代には、道長の四男藤原能信《よしのぶ》（頼通の異母弟）の養女藤原茂子が妃とされ、貞仁《さだひと》親王（白河天皇、七二代）を産んでいる。さらに、後三条天皇の即位後、藤原師実《もろざね》（道長の孫、頼通の子）の養女藤原賢子《けんし》が、皇太子となった貞仁親王の妃とされ、善仁《たるひと》親王（堀河《ほりかわ》天皇、七三代）を産んでいる。このように、道長の子孫と天皇との姻戚関係が、いきなり断ち切られたわけでもない。

では、後三条天皇の即位によって、具体的に何が変わり、なぜ、白河天皇は譲位後に院政を行うことが可能となったのか。この点もまた、皇位継承の問題と深く関わっている。以下、章を改めて、この点について述べていこう。

皇位継承と院政

院政の成立と皇位継承

後三条天皇の画期性

後三条天皇と皇位継承の問題に関わって、近年の研究で重視されているのは、後三条天皇が娘聡子《そうし》内親王の女房であった源　基子《みなもとのきし》を寵愛し、実仁《さねひと》親王・輔仁《すけひと》親王という二人の男子を儲けたことである。ここでの女房とは、現代語の「妻」という意味ではなく、貴人に仕えて身辺の世話などをする女性のことを指す。

以前から、女房が天皇の寵愛を受けることはあったが、摂関政治の全盛期には、仮に女房が天皇の男子を産むことがあっても、その子は天皇の子としてではなく臣下の子として育てられ、いわば「なかったこと」にされていた。ところが、後三条天皇は、源基子の産んだ子を正式に親王としただけではなく、延久《えんきゅう》四年（一〇七二）に子の白河《しらかわ》天皇に譲位

図4　後三条天皇関係系図

した際には、実仁親王を皇太弟としたのである。

後三条天皇が実仁親王を皇太弟とした理由は、藤原道長の子孫が再び天皇の外戚の座に返り咲くのを忌避したためであると考えられている。前章の最後ですでに述べたように、白河天皇は、即位以前から、藤原師実《ふじわらのもろざね》の養女藤原賢子《けんし》を妃に迎えていた。白河天皇と賢子との間に生まれた男子が皇位を継承すれば、師実は外祖父の地位を占めることとなる。

また、後三条天皇が譲位した理由についても、かつては院政を行う意図によるものとする解釈も行われていたが、現在では、実仁親王を皇太弟とすることが目的であったとの解釈が、主流となっている。皇位継承における後三条天皇の画期性は、道長一門による后妃の独占を打破し、皇位継承者の決定権を天皇のもとに取り戻したことにあった。

白河天皇による皇位の父子継承

さらに、譲位の翌延久五年（一〇七三）に急死した後三条天皇は、皇太弟実仁親王の次の皇位継承者を輔仁親王とするよう、遺言していた。後三条天皇の遺志に沿って皇位継承が行われた場合、白河天皇の子孫は、皇位継承から外れた存在となるはずであった。

だが、実際にはそうはならなかった。実仁親王は、即位することなく、応徳《おうとく》二年（一〇八五）に、一五歳の若さで急死してしまったからである。翌応徳三年（一〇八六）、白河天皇は、自身の子でわずか八歳の堀河《ほりかわ》天皇に、抜き打ち的に譲位した。白河天皇は、父の遺志に背いて輔仁親王を皇位継承から排し、自身の子に皇位を継承させたのであった。

本来、譲位した天皇のことを、太上天皇《だじょうてんのう》、略して上皇《じょうこう》と呼び、上皇の御所のことを院と呼ぶが、この時代には、院という言葉自体が上皇を指す呼び名となっていた。それゆえ、上皇が天皇に代わって政務を行うことを「院政」と呼ぶわけだが、歴史教科書等では、この応徳三年の白河天皇の譲位をもって、院政の開始としている。

しかし、実際には、このとき、白河院が政務を主導する体制が確立したわけではなかった（美川一九九六）。堀河天皇の即位は、本来の皇位継承者である輔仁親王を押しのけてのものであったから、当然ながら、これに対する反発も強く、輔仁親王は、有力な皇位継承候補者であり続けたのである。輔仁親王とその支持勢力が存在する以上、白河院は専制的な政務運営を行うことなどできなかった。

こうした状況で白河院が取ったのは、摂政藤原師実との協調路線であった。先述の通り、師実は白河院の中宮賢子の養父であり、堀河天皇から見れば養外祖父にあたる。また、白河天皇在位中の承保《じょうほ》二年（一〇七五）、関白藤原教通《のりみち》の死去にともない、師実と藤原信長《のぶなが》

（教通の子）との間で後任の関白をめぐる争いが起こった際、師実は、白河天皇の裁定によって関白に就任している。こうした事情により、両者の協調路線は比較的順調であった。ところが、嘉保《かほう》元年（一〇九四）に師実が引退し、息子の藤原師通《もろみち》が関白となると、政務運営は関白師通が中心となる。さらに、堀河天皇が成人し政務運営能力を備えた承徳《じょうとく》元年（一〇九七）ごろからは、政務運営の中心は堀河天皇に移った。つまるところ、この時点での院はあくまでも補助的な存在であり、成人した天皇や有力な摂関を排除しえるような存在ではなかったということだ。

院政の確立

白河院が絶大な権力を保持するに至ったのは、康和《こうわ》元年（一〇九九）に関白藤原師通が、嘉承《かしょう》二年（一一〇七）に堀河天皇が、相次いで早世したことによる。残された堀河天皇の子の鳥羽《とば》天皇（七四代）は、即位時にわずか五歳。また、師通の子の藤原忠実《ただざね》は、父の死去時に二二歳とまだ若年の上、官職も権大納言とまだ低かったため、ただちに関白にはなれず、内覧にとどめられた。

しかも、忠実は鳥羽天皇の外戚ではなく、天皇の外伯父である藤原公実《きんざね》が摂政の地位を望んだため、白河院の裁定によって、ようやく摂政とされる有り様であった。これは、忠実が、外戚か否かに関わりなく、摂関の地位を代々継承する存在、すなわち摂関家として認められたことを意味するが、忠実自身は、白河院の下に従属することを余儀なくされたのである。

こうして、幼年の天皇・弱体な摂政という状況が生じた結果、天皇の後見役として、祖父の白河院が独裁体制を築いたのであった。懸案であった輔仁親王の存在についても、永《えい》久《きゅう》元年（一一一三）に鳥羽天皇暗殺の陰謀が発覚したことで、追い落としに成功している。この事件は、そもそも陰謀の存在自体が疑わしく、でっち上げの可能性が指摘されている。

院政の特質

これ以後、国家の重大事については、おもに院の下で開催される院御所議《いんごしょぎ》定《じょう》という会議で決裁が下されることとなり、そこでは摂関も一参加者として発言する立場に過ぎなくなった。また、人事に関しても、院は、任官者や官位の昇進者を決定する除目《じもく》・叙位《じょい》という行事に際し、任人折紙《にんじんおりがみ》という文書で天皇や摂関に指示を出すことで、意のままに介入しえるシステムを構築している。

宇多院・冷泉院・円融院など、白河院以前にも、天皇の父である院は存在した。しかし、宇多院は菅原道真《すがわらのみちざね》のほかに政務に介入するための手足を持たず、冷泉院は精神面で政務運営能力を欠き、円融院にとって摂政藤原兼家《かねいえ》は外叔父にあたるなど、いずれも、院政を行うだけの条件や必然性を欠いていた。白河院のみが、自ら譲位し、かつ、譲位後に政務運営にあたる条件と、必然性と、強固な意志とを兼ね備えていたのである。

しかも、この院政という政治形態は、この時期の政治状況では、非常に理にかなっていた。当時、朝廷が直面していた最大の政治的課題は、京近辺の大寺社、特に「南都北嶺《なんとほくれい》」と呼ばれる延暦寺《えんりやくじ》・興福寺《こうふくじ》による強訴《ごうそ》であった。『平家物語』で、白河院が世の中の意のままにならぬものとして、双六のさいころの目・鴨川の水とならんで「山法師《やまほうし》」、すなわち延暦寺の僧を挙げていることは、よく知られている。

延暦寺・興福寺をはじめとする大寺社が強訴を起こす目的は、僧の人事や荘園に関わる紛争などで不満を訴えるためであった。天皇が親政を行っていた場合、その矛先は、おのずと天皇に向かざるをえない。この時期の天皇と仏教は、天皇が世俗の権力を行使して仏教を保護し、仏教は宗教的な力で天皇を護持するという相互依存の関係にあった。これを「王法仏法相依」と呼んでいるが、こうした状況で、天皇が大寺社の批判の矢面に立つことは、天皇の権威を傷つけることになりかねないのだ。

それが、院が政治の実権を握り、強訴に対処するのも院ということになれば、天皇の政治責任は回避されることになる（美川一九九六）。この点で、院政における天皇のあり方は、現代の象徴天皇制に通じるものがあるといえよう。

それでなくとも、天皇という立場は種々の制約に縛られた窮屈なものだった。天皇の主要な役割には、神事を執り行うことがあったため、立場上さまざまな宗教的穢れを回避しなければならなかったのだ。一例をあげれば、宮中は清浄な空間に保たれているが、そこから離れるにつれ穢れは増していくため、天皇は、神社への行幸を除けば、ほとんど京外へ出ない、といった具合である。

譲位して院になってしまえば、そうした制約に縛られることはない。白河院は、譲位後の院御所として、平安京の南の郊外に鳥羽殿を造営しているが、こうした京外の院御所に居住できるのも、譲位したが故であった。白河院は、決して最初から院政を志して譲位したわけではなかったのだが、院による執政という政治形態が、当時の社会状況に非常に適合的であったために、結果的に院政として定着することとなるのである。

皇位の父子継承の確立

院と天皇の主導権争い

院の権力の源泉が、幼年の天皇に対する後見にある以上、天皇が成人し政治力を行使するという事態は、院にとって不都合である。それが具体化したのが、保安《ほあん》元年（一一二〇）に起こった、藤原勲子《ふじわらのくんし》の入内問題であった。

勲子は、関白藤原忠実《ただざね》の娘である。白河院は、永久元年（一一一三）から永久三年（一一一五）にかけて、勲子を鳥羽《とば》天皇に入内させる代わり、養女の藤原璋子《しょうし》（藤原公実《きんざね》の娘、待賢門院《たいけんもんいん》）を忠実の子の藤原忠通《ただみち》の妻とするよう、忠実に持ちかけていた。しかし、璋子には男性関係に関わるいろいろな噂があったため、忠実は、この縁談を婉曲に断った。その結果、白河院は方針を変更し、璋子を鳥羽天皇に入内させて中宮としたのだった。

ところが、保安元年、白河院が熊野詣《くまのもうで》のため京を留守にしている間に、鳥羽天皇は、勲子を入内させるよう、忠実に持ちかけた。白河院にしてみれば、鳥羽天皇の行動は、自身の鍾愛する養女である中宮璋子をないがしろにするものであるばかりでなく、自身の定めた后妃を改変しようとする点で、許しがたい行為であった。先にも述べたが、天皇の后妃を決定することは、皇位継承者を決定することにつながる、重要な権限なのだ。忠実の行為に至っては、かつて自身が進めた縁談を蹴っておきながら、鳥羽天皇の持ちかけた縁談に乗るなど、言語道断である。白河院の怒りは凄まじく、忠実は関白を事実上罷免され、鳥羽天皇は、三年後の保安四年（一一二三）に、中宮璋子の産んだ崇徳《すとく》天皇（七五代）に譲位させられたのだった。

この一件は、以後も頻発する、院と成人天皇との間の主導権争いの最初の事例となった。この争いの折り合いをどのようにつけるかという問題が、院政期の政治の動きを左右する、重要なファクターとなるのである。

皇統意識の成立

こうして即位した崇徳天皇は、白河院から見れば、ひ孫にあたる。ここに、白河院の下で、白河天皇―堀河天皇―鳥羽天皇―崇徳天皇と四代にわたる、皇位の父子継承が実現した。

注目すべきことに、これ以後、さまざまな場面で、「皇統」という言葉が用いられるようになる。皇統とは皇位を父子継承する血筋を表す言葉であるが、実は、この皇統という語は、院政期まで、ほとんど用例のない言葉であった。

ところが、白河院政末期の大治《だいじ》三年（一一二八）、白河院が石清水八幡宮《いわしみずはちまんぐう》に一切経《いっさいきょう》を供養した際の願文《がんもん》を皮切りに、院政期に入ると、「皇統を承ける」「皇統を伝える」といった用例が、散見するようになる。その後、鎌倉時代に持明院統《じみょういんとう》と大覚寺統《だいかくじとう》という二つの皇統が分立すると、用例が増え一般化するとともに、「本朝皇統の正嫡を伝え」「皇統の正流を受け」「皇統の嫡嗣」など、自己の血統が正統であることを表す言葉とともに用いられる事例が現れる。

このことは、皇位継承をめぐる正統性の問題、すなわち、父の天皇によって選ばれた正統の天皇であることが重要視されるようになったことに対応して、皇統という語が用いられるようになったことを示している。白河院による皇位の父子継承が確立される以前、たびたび皇統が分立していた時代においては、前天皇が自分の父親であると限らない以上、皇統という言葉で表されるような正統意識というものは定着しがたかったのだ。院政の成立と、皇統意識の成立とは、皇位の父子継承によってもたらされたという点で、表裏一体の関係にあったといえよう。

崇徳天皇は白河院の子？

ところで、崇徳天皇に関しては、その皇位継承にまつわるゴシップが、よく知られている。それは、「崇徳天皇は実は鳥羽院の子ではなく白河院の子であり、それゆえに崇徳天皇を嫌った鳥羽院は、崇徳天皇に代えて異母弟の近衛《このえ》天皇（七六代）を即位させたのだ」というものだ。

この話の出所は二か所ある。一つは、鎌倉時代に源《みなもとの》顕兼《あきかね》という貴族によってまとめられた説話集『古事談《こじだん》』に載せられている説話で、内容を簡単に紹介すると、「藤原璋子（待賢門院）が白河院と密通していたことは周知の事実であり、崇徳院は白河院の落胤《らくいん》である。そのことを知っていた鳥羽院は、崇徳天皇を叔父子《おじこ》と呼んだ。」というものである。

叔父子とは、崇徳天皇が白河院の子であった場合、鳥羽院から見ると実際には叔父ということになるので、「実際には叔父だが形式上は子である」という意である。

図5　鳥羽天皇関係系図

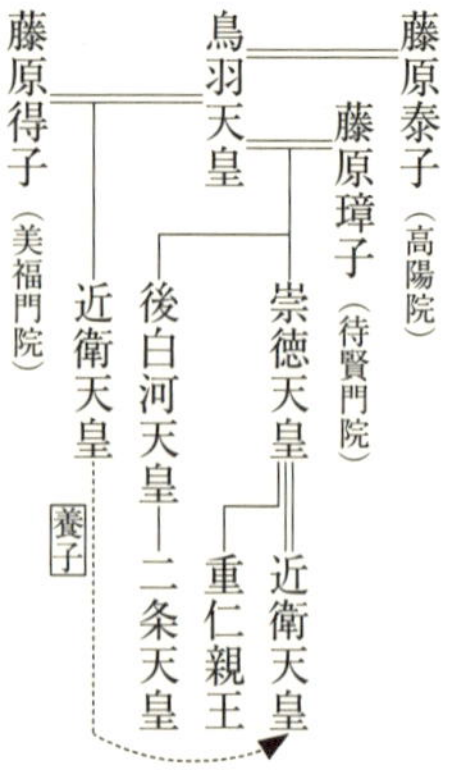

この説に基づいて、崇徳天皇が白河院と璋子との間の子であることを、古記録に見える両者の行動から裏付けようとした研究が行われたこともあったが、崇徳天皇の本当の父親が誰かということは、実のところ、

さほど重要な意味を持たない。というのは、当時の人々にとって、実際の父親が誰かということなど確かめようがなく、むしろ問題は、現実の政治の中で、崇徳天皇が誰の子として処遇されていたか、ということだったからである。

この点についての結論は明白で、崇徳天皇は一貫して鳥羽院の皇子として遇されており、『古事談』以前に、崇徳天皇が白河院の落胤である旨を述べた記録は存在しない。崇徳天皇は、のちに鳥羽院によって皇統から外され、そのことが保元《ほうげん》の乱《らん》の主因となるが、この叔父子説は明らかに、保元の乱の原因をさかのぼって説明するために作られた、後付けの説話なのだ。

図6　崇徳天皇（白峯神宮所蔵）

「皇太子」か「皇太弟」か

もう一つの出所は、同じく鎌倉時代に慈円《じえん》によって書かれた歴史書『愚管抄《ぐかんしょう》』で描かれているエピソードだ。内容を簡単に紹介すると、「鳥羽院は、崇徳天皇の母である璋子とは別に、藤原得子《とくし》（美福門院《びふくもんいん》）を新たに寵愛し、得子との間に生まれた皇子（近衛天皇）を崇徳天皇の養子として皇太子に立てた。ところが、近衛天皇が即位した際の宣命《せんみよう》（天皇の命令）には、『皇太子』ではなく『皇太弟』と記されていたので、崇徳天皇は、これはどうしたことかと思った。これが、鳥羽院と崇徳天皇との関係が悪くなったきっかけである。」というものである。同様のエピソードは、平安時代末に書かれた歴史物語『今鏡《いまかがみ》』にも載せられている。

この話のポイントは、「皇太子」か「皇太弟」かという一字の違いが重大であったということである。「皇太子」であった場合、譲位後の崇徳院は近衛天皇の父ということになるので、鳥羽院が死去した後には院政を行うことが可能となる。ところが、「皇太弟」であった場合には、崇徳院は近衛天皇の兄ということになり、直系尊属ではなくなるために院政を行うことはできない。「兄弟は他人の始まり」ということわざがあるが、院政をする上で、兄弟という関係はまさに他人同然の意味しか持たないのである。

問題は、このエピソードが史実を反映したものなのかどうかである。近衛天皇が誕生直後に崇徳天皇と中宮藤原聖子《せいし》の養子に迎えられていることは、史料上確かめられる。そして、即位前後を通じて、幼い近衛天皇の養育にあたったのは、皇太后となった聖子であり、逆に、実母の得子が近衛天皇と会う機会は、年に数回に限られていた。このように、崇徳院・藤原聖子夫婦と近衛天皇との間の養子関係が即位後も継続していたのは確実であり、このエピソードも、保元の乱の原因をさかのぼって説明するため、のちに創作されたものと考えられる。

「天皇の養子」が意味するもの

では、なぜ近衛天皇は、あえて崇徳天皇の養子として即位しなければならなかったのか。近衛天皇が皇太子とされた保延《ほえん》五年（一一三九）の時点で、崇徳天皇は二一歳と青年期に入っており、すでに政務運営に参加していた。譲位前年の保延六年（一一四〇）には、左大将《さだいしょう》の人事を巡って鳥羽院と崇徳天皇の意見が割れたため、鳥羽院が崇徳天皇のもとに直接出向き、ようやく、鳥羽院の推す源《みなもとのまささだ》雅定が左大将に任じられたと伝えられている。先にも述べたように、成人した天皇が自身の政治的意志を発揮すると、院政を行う院との間で、権力が分裂してしまうのである。

この状況を解決するためには、将来の院政を見越して、天皇が自身の皇子に皇位を譲る、というのがもっとも穏当だ。しかし、このときの問題は、崇徳天皇に皇位継承者として適当な皇子が存在しないことにあった。崇徳天皇と中宮聖子との間には、結婚生活全体を通じて皇子女が生まれることはなく、崇徳天皇の第一子である重仁《しげひと》親王が女房の兵衛佐（源行宗《ゆきむね》養女、実父は僧信縁）との間に生まれたのは、保延六年、すでに近衛天皇が皇太子とされたあとのことであった。

しかも、重仁親王は、母の身分が低かったため、当初親王宣下《せんげ》をされておらず、親王宣下を受けたのは、近衛天皇の即位とほぼ同時期であった。すなわち、重仁親王は、誕生時点で皇位継承候補者と見なされておらず、いわば、崇徳天皇の譲位と引き換えに、皇位継承候補者となったのである。

院政確立以前であれば、天皇が有力な皇子に恵まれない場合、弟が皇太弟として立てられるのは、至極当然であった。それが、近衛天皇のようにわざわざ養子関係を結んで皇太子として立てられた理由は、先ほども述べたように、それが将来の院政が可能かどうかを左右したからである。

こうした養子関係の初例は、永久三年、輔仁《すけひと》親王の子の有仁《ありひと》王が、白河院の養子とされた事例である。先に述べたように、輔仁親王は白河院の弟で、後三条《ごさんじょう》天皇によって皇位を継ぐよう定められていた人物であるから、有仁王は白河院から見て甥にあたる。

当時、鳥羽天皇はまだ后妃も迎えておらず、男子の誕生は当分見込めない状況であった。このため、白河院は、鳥羽天皇に万一のことがあった場合には再度即位することを検討していたほどである。こうした状況で、白河院は、有仁王を予備の皇位継承者とするため、養子としたのであった。結局、元永《げんえい》二年（一一一九）に崇徳天皇が誕生したことで危機的状況は緩和され、存在の必要性がなくなった有仁王は、源の姓を賜って臣下に下っている。

これ以前の似たような事例としては、奈良時代に孝謙《こうけん》天皇の次に即位した淳仁《じゅんにん》天皇が、孝謙天皇の夫に擬され、「聖武《しょうむ》天皇の皇太子」と称して、いわば聖武天皇の婿養子的な存在と意識された例がある。この場合、養子関係は、後継者が自身の皇位継承の正統性を主張する役割を果たしている。

これに対して、院政期以降に、院・天皇と皇位継承候補者との間に結ばれた養子関係は、養父が後継者に対して親権を及ぼし、院政を行うことを正当化する役割を果たした。さらに時代が下った鎌倉時代中期以降には、こうした院と天皇との間の養子関係が、しばしば見られるようになる。白河院による院政の開始をきっかけに、天皇の養子関係が政治的に意味するところは、一八〇度逆転したのである。

近衛天皇の死がもたらした混乱

さて、妥協の産物として行われた近衛天皇の即位であったが、その政治的均衡が破れたのは、久寿《きゅうじゅ》二年（一一五五）の近衛天皇の死によってであった。問題となったのは、誰が皇位を継承するかである。

近衛天皇の皇太子は空位であったが、近衛天皇は病弱であり、子もなかったため、万一に備えて、二人の皇位継承候補者が、以前から用意されていた。一人は先述した崇徳院の皇子重仁親王であり、もう一人は、崇徳院の同母弟である雅仁《まさひと》親王の子、守仁《もりひと》王である。二人はともに藤原得子（美福門院）の養子とされていたが、二人のうち、より有力な存在は、重仁親王であった。

ところが、鳥羽院が選択した皇位継承者は、意外な人物だった。即位したのは、守仁王の父親である雅仁親王、すなわち後白河《ごしらかわ》天皇（七七代）だったのである。

後白河天皇が即位した表向きの理由は、「存命の父を差し置いて、子が即位した例はない」ということであったが、こうした形式上の問題の裏には、深刻な政治的事情が存在していた。その事情とは、藤原璋子（待賢門院）・崇徳院派と、藤原得子・近衛天皇派との間の、潜在的な対立である（元木二〇〇〇）。

後白河天皇の即位と保元の乱

藤原璋子・崇徳院にとって、異母弟である近衛天皇への譲位は、養子関係が設定されたとはいえ、不本意なものであった。そのため、譲位翌年の康治《こうじ》元年（一一四二）には、璋子に仕える判官代《ほうがんだい》（女院庁の下級職員）・女房たちによる藤原得子呪詛《じゅそ》事件が起こっているほどである。これによって出家に追い込まれた璋子は、久安《きゅうあん》元年（一一四五）失意のうちに死去したが、その兄弟である藤原実行《さねゆき》・実能《さねよし》ら藤原氏閑院流《かんいんりゅう》の一門は、崇徳院を中心に無視しえない勢力を誇っていた。

これに対し、現天皇の実母であり、新たに鳥羽院の正妃となった得子の周辺には、いとこで鳥羽院の近臣の筆頭格である藤原家成《いえなり》（藤原氏善勝寺流）や、藤原実行・実能らとは昇進を巡ってライバル関係にあった源雅定（村上源氏顕房《あきふさ》流）、そして、関白藤原忠通《ただみち》などが集まり、勢力を形成していた。守仁王擁立を画策していたのも彼らであって、その理由は、重仁親王が即位した場合、崇徳院の権力は飛躍的に強化され、自分たちが不利益を被るからである。

鳥羽院は、この対立をむしろ利用し、両派の均衡の上に、調停者として権力を振るっていた。ところが、近衛天皇の死去により両派の妥協が破れた以上、鳥羽院としては、いずれかを選択せざるをえない。

鳥羽院としては、現正妻の得子を選択するのは当然であったが、得子派の推す守仁王を、ただちに即位させることは難しかった。なぜなら、近衛天皇の死去時に一三歳だった守仁王は、まだ元服も済ませていない幼年だったからである。守仁王を即位させることは、すなわち、崇徳院を皇統から完全に外すことを意味するが、すでに老境にあった鳥羽院が近い将来に死去した場合、守仁王が独力で崇徳院に対抗することなど望めなかった。

こうした問題点を解決するために取られた方策が、守仁王の父である後白河天皇を即位させ、守仁王を皇太子とすることであった。後白河天皇はすでに二九歳の壮年であり、年齢的に申し分ない。また、後白河天皇の母も、崇徳院と同じく璋子であることから、崇徳院派の中核である藤原氏閑院流を、外戚として取り込むこともできる。後白河天皇の即位は、年齢・支持勢力という二つの問題を同時に解決しえる、一石二鳥の妙手だったのである。

後白河天皇の即位は、すなわち、崇徳院の院政の望みが絶たれたことを意味する。翌保《ほう》元《げん》元年（一一五六）に鳥羽院が死去すると、追い込まれた崇徳院は摂関家の藤原頼長《よりなが》とともに挙兵するが、あえなく一敗地にまみれ、崇徳院は讃岐国に配流された（保元の乱）。貴族社会の内紛が戦乱につながる時代の再来であった。

とはすなわち、武力の担い手である武士の動向が、皇位継承にも深く関わってくるということである。以下、次章では、皇位継承と武士のかかわりについて見ていこう。

皇位継承と武士

平氏政権と皇位継承

武士は貴族社会の一員

武士と皇位継承との関わりについて語る前に、そもそも、当時の貴族社会で、武士がどのような役割を果たしていたのか、その位置付けを簡単に確認しておこう。

ドラマで描かれている武士の姿などを見ていると、一般的にはまだ、武士を貴族と対立的な集団とする考え方が強いように思われる。しかし、現在の研究では、武士は貴族の中から生まれてきたのであり、登場期の武士は、あくまでも貴族社会の構成員であったと考えられている。具体例として、平清盛《たいらのきよもり》の先祖である伊勢平氏について、そのあらましを簡単に紹介しよう（髙橋二〇一二）。

伊勢平氏は、桓武《かんむ》天皇の曽孫である高望《たかもち》王が平の姓を賜ったことにはじまる。平高望は、騒乱状態にあった東国の治安回復のため、上総国に介《すけ》（国司の次官）として下向し、現地の豪族たちを組織した。その高望の子孫の間で起こった争いが、平将門《まさかど》の乱（承平《じょうへい》五年［九三五］～天慶《てんぎょう》三年［九四〇］）である。乱を平定した功労者平貞盛《さだもり》（高望の孫）こそ、伊勢平氏の祖となった人物であった。

「伊勢平氏」の名は、貞盛の子の平維衡《これひら》が伊勢国に所領を獲得し、本拠としたことに由来している。ただし、活動拠点が伊勢にあったからといって、彼らがそこに完全に土着してしまったわけではない。維衡以後の伊勢平氏は、代々受け継いだ武芸を活かし、京都と伊勢との両方で活動したのである。このように、地方に拠点を置きながら、京都の貴族社会と行き来するというあり方は、「留住《りゅうじゅう》」と呼ばれ、京都との関係を完全に失う「土着」とは区別されている。

ところが、維衡は伊勢の所領をめぐって他の一族と武力衝突を繰り返し、朝廷から処罰を受けたため、維衡の子孫は、京都で満足に活動することができず、次第に貴族社会での地位を低下させていた。こうした状況を打ち破ったのが清盛の祖父平正盛《まさもり》で、正盛は武芸を活かして白河院《しらかわ》の近臣に奉仕し、そのコネを通じて白河院に荘園を寄進することに成功する。これによって白河院の知遇を得た正盛は、院の北面の一員となり、嘉承《かしょう》二年（一一〇七）に起きた源　義親《みなもとのよしちか》の乱を平定するなど、院政を支える重要な武力として活躍したのであった。

とはいえ、正盛の活動は、武士としてのものにとどまらなかった。正盛は、但馬・若狭・因幡といった裕福な国の受領《ずりよう》として、院への経済奉仕も行っており、この点では他の院近臣《いんのきんしん》と共通していた。北面についても、教科書などでは「北面の武士」と記述されるが、院の北面に組織された者がすべて武士だったわけではなく、むしろ、多くは一般の下級貴族であり、正盛も、下級貴族の一人として、院に組織されたのである。

また、正盛やその子平忠盛《ただもり》（清盛の父）に対する上級貴族たちの反感も、彼らが武士であったことに対するものではなく、低い身分から急激に昇進したことに対するものであった。源義親の乱平定の恩賞として正盛が但馬守に任じられた際、当時権中納言《ごんのちゆうなごん》であった藤原宗忠《ふじわらのむねただ》は、「最下品《さいげぼん》」（最も低い身分）の正盛がこうした第一級の国に任じられるのは白河院の寵によるもので、何とも言いようがない、と批判している。

注目すべき点は、正盛と同じ日の除目《じもく》（人事）で、他国の国司にも院近臣が多数任じられており、宗忠の批判はこれらの国司人事にも及んでいることである。宗忠の批判の中心は、身分の低い院近臣たちを抜擢する白河院の政治方針そのものであって、正盛に対する批判はその一環だったのである。

婚姻関係を見ても、忠盛の後妻で清盛の継母である藤原宗子《そうし》（池禅尼《いけのぜんに》）は、白河院の近臣である藤原宗兼の娘であり、宗子のおばの嫁ぎ先は、「白河院の無双の近習《きんじゅう》」と評された藤原家保《いえやす》であった。忠盛は、武士であっても婚姻の対象として忌避されることはなく、院近臣の婚姻関係のネットワークに組み込まれていたのである。

平清盛の政治的立場

以上、やや前置きが長くなったが、要するに、清盛以前の平氏は、武芸を事としていたとはいえ、院近臣として活動する中下級の貴族の一員だったということである。清盛自身も、武士の中で最大の勢力を誇っていたとはいえ、当初の活動内容は、院を武力や経済力で支える有能な院近臣という枠を出るものではなかった。

それが大きく変わったのは、平治《へいじ》元年（一一五九）に起こった平治の乱の結果によってであった。乱で討たれた信西《しんぜい》をはじめ、乱を主導した藤原信頼《のぶより》・藤原経宗《つねむね》・藤原惟方《これかた》・源義朝《よしとも》・源光保《みつやす》といった有力な近臣・武士たちが軒並み没落したため、乱で唯一勝ち残った清盛の存在が、大きくクローズアップされたのである。

平治の乱の前年の保元《ほうげん》三年（一一五八）、後白河《ごしらかわ》天皇は、皇太子守仁《もりひと》親王（二条《にじょう》天皇、七八代）に譲位を行った。前章で述べたように、そもそも、鳥羽院の意中の皇位継承者は二条天皇であり、後白河院は中継ぎ的存在であったから、保元の乱の勝利によって二条天皇即位の障害が消滅した以上、この譲位は既定路線であった。とはいえ、二条天皇は即位

図７　二条天皇の六波羅行幸（『平治物語絵巻』より，東京国立博物館所蔵）

時にいまだ一六歳と若く、後白河院も一度は手にした権力を手放そうとはしなかった。

かくして、平治の乱後には、後白河院と二条天皇との間で、主導権争いが生じた。このとき、清盛は、妻の平時子《ときこ》を二条天皇の乳母とするなど、鳥羽院の定めた正統である二条天皇を支持していた。二条天皇の側でも、政務に関して清盛に諮問《しもん》を行うなど、清盛を政務運営に参加させている。乱の功績によって公卿昇進を果たしたこととあわせ、清盛は、父忠盛までの代と隔絶した政治的地位を確立したのである。

一方、後白河院に対して、清盛は御願寺《ごがんじ》である蓮華王院《れんげおういん》の建造を行っているが、これは、父忠盛などにも見られる、経済奉仕に過ぎなかった。『愚管抄《ぐかんしょう》』は、当時の清盛の行動を、「アナタコナタ」、つまり、院と天皇との間をうまく立ち回っていたと評しているが、実際には、清盛の政治的立場は、明確に二条天皇支持派だったのである（元木一九九六）。そのことは、応保《おうほ》元年（一一六一）に誕生した後白河院の皇子憲仁《のりひと》親王を擁立する動きに、清盛が、憲仁親王の義理のおじであるにもかかわらず、関与していない点からも明らかだ。

ところが、永万《えいまん》元年（一一六五）に二条天皇が死去し、残されたわずか二歳の六条《ろくじょう》天皇（七九代）を支えた摂政藤原基実《もとざね》（六条天皇の養外伯父）も、仁安《にんあん》元年（一一六六）に死去したことで、清盛としても、後白河院政を支持する以外の選択肢は失われてしまった。かくして、憲仁親王が皇太子に立てられ、後白河院と清盛とによる政権運営が開始されたのである。「皇太子」とはいえ、血縁でいえば憲仁親王は六条天皇のおじであり、実年齢も憲仁親王が三歳年上であった。

協調の要、建春門院平滋子

立太子から二年後の仁安三年（一一六八）、憲仁親王の即位が実現した（高倉《たかくら》天皇、八〇代）。この間、清盛は、太政大臣を経たのち、公職を辞して出家し、高倉天皇即位後は、摂津国福原に引退している。このため、日常的には、京にある清盛の嫡男重盛《しげもり》らが後白河院・高倉天皇に奉仕し、大事の際には、清盛が上洛するなど、後白河院と清盛との間の交渉で政治的決定がなされる、という政治体制が取られた。

図8　後白河天皇と平清盛との姻戚関係

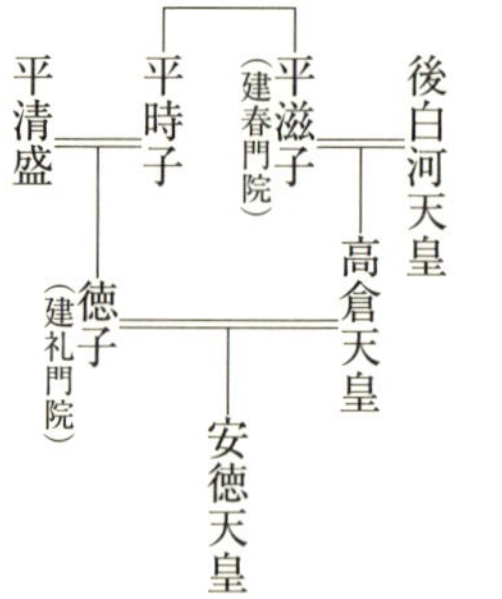

後白河院と清盛との間を具体的に取り持った人物は、高倉天皇の母平滋子《しげこ》であった。滋子の異母姉である時子は清盛の正妻であり、時子・滋子姉妹を通じて、後白河院と清盛とは、義理の兄弟の関係にあった。

高倉天皇の即位に際して、滋子は皇太后とされ、翌年には女院とされているが（建春門院《けんしゅんもんいん》）、滋子の家政機関の職員は、後白河院の近臣と平家一門とによって構成されていた。後白河院と清盛との間に立つ滋子の立場は、このことによく現れている。

また、滋子は、承安《じょうあん》元年（一一七一）に後白河院が清盛の住む福原へ御幸《ごこう》した際に同行しているが、この直後、清盛の娘平徳子《とくこ》（建礼門院《けんれいもんいん》）は後白河院の養女とされ、高倉天皇の后に迎えられている。徳子の入内が決定されたのは、まさにこの福原御幸の際であったと考えられており、わざわざそこに滋子が同行していることからも、彼女の果たした政治的役割の大きさがうかがえよう。

同じ平氏とはいっても、滋子の一門は、朝廷の書記官である弁官《べんかん》などを代々務める、いわば事務官僚の家であり、清盛の一門と、すでに桓武天皇の孫の代で枝分かれしていた。徳子の入内により、武士出身の后妃が、初めて登場したのである。

協調の破たんと皇位継承問題

ところが、協調の要であった滋子が安元《あんげん》二年（一一七六）七月に三五歳の若さで亡くなると、後白河院と清盛との関係は急速に悪化する。最も深刻な対立の原因となったのは、やはり皇位継承をめぐる問題であった。

滋子が死去した時点で、高倉天皇と徳子との間に、いまだ子は生まれていなかった。この時、高倉天皇は一六歳、徳子は二二歳であり、後継ぎが不在であることをとやかくいうような年齢ではまったくなかったが、問題は、高倉天皇が成人し、政務運営に関与する時期が近づいてきたことにあった。院と成人天皇との対立という、院政が抱える構造的な問題が、またも発生したのである。

高倉天皇を譲位させようにも、皇位継承が可能な皇子が存在しない以上、後白河院が取りえた方策はただ一つ、自身の皇子を高倉天皇の養子とし、譲位させることである。かつて、父の鳥羽院が、近衛《このえ》天皇を崇徳《すとく》天皇の養子として、譲位させたように。安元二年の一〇月末から一一月初頭にかけて、後白河院の幼い二人の皇子（のちの道法法親王《どうほうほっしんのう》・承仁《しょうにん》法親王）が、相次いで高倉天皇の養子とされている（五味一九七九）。滋子の死去から、わずか四か月足らずの出来事であった。

事が後白河院と高倉天皇との間だけの問題であれば、この方策で妥協が可能であったかもしれない。しかし、徳子が産んだ皇子が天皇となることで、天皇の外戚の地位を得ることを目標とする清盛にとって、これはとうてい飲めない案であった。

もともと二条天皇を支持していた清盛にとって、後白河院との協調は、二条天皇の死がもたらした妥協の産物に過ぎなかった。また、院近臣から身を起こした平家一門にとって、おなじ階層である後白河院の近臣たちは、政治的・経済的に競合する存在でもあった。そのため、嘉応元年（一一六九）に延暦寺《えんりやくじ》が院近臣の筆頭である藤原成親《なりちか》を流罪に処するよう要求して強訴《ごうそ》を起こした際、後白河院から防御するよう命じられた平家一門が出動を渋ったように、両者の対立は以前から伏在していたのである。滋子の死によって調停役たりえる人物が失われた結果、こうした矛盾が一気に顕在化し、後白河院と近臣たちは、平家打倒へと向かうことになった。

滋子の死から一年にも満たない治承《じしょう》元年（一一七七）六月、延暦寺を討伐せよとの後白河院の命を受け上洛した清盛は、後白河院と近臣たちによる平家打倒の企ての密告を受け、陰謀に関わった近臣たちを一斉に処罰した。世にいう鹿ヶ谷《ししがたに》事件である。

この時点では、清盛にとって適当な皇位継承者が存在しなかったため、清盛の追及の矛先は成親ら近臣たちに留まり、後白河院による院政は継続している。だが、翌治承二年（一一七八）、高倉天皇と徳子との間に待望の皇子である言仁《ときひと》親王（安徳《あんとく》天皇）が誕生し、皇太子となると、清盛は、もはや後白河院自身を排除することをためらわなかった。治承三年（一一七九）一一月、後白河院の度重なる挑発行為に対し、上洛した清盛は武力によるクーデターを決行する。これが治承三年政変と呼ばれる事件であり、この結果、清盛は後白河院を京都南方の鳥羽殿《とばどの》に幽閉して院政を停止し、政権を掌握するに至ったのである。

清盛の政権運営

クーデターの際、清盛は後白河院を幽閉したのち、高倉天皇に対し「皇太子言仁親王・中宮平徳子を連れて福原に引退する」ことを宣言し、これを慰留するために、高倉天皇が、関白を、後白河院派の藤原基房《もとふさ》から平家派の藤原基通《もとみち》に変更する、という手順を踏んだ。このことは、清盛が国政を主導する上で、皇位継承者を手中に収めることがどれほど重要であったかを、端的に示している。

清盛と高倉天皇とのやり取りに先立って、清盛の嫡男である平宗盛《むねもり》（本来の嫡男である平重盛《しげもり》はクーデターの四か月前に死去）と高倉天皇との間で綿密な協議が行われているが、宗盛は、高倉天皇にとって、義理の兄にあたる。そして、関白とされた基通の養母平盛子《もりこ》は、清盛の娘であり（クーデターの五か月前に死去）、基通の妻平完子も、清盛の娘であった。こうした濃密な姻戚関係に依拠し、クーデターは決行されたのである。

クーデター後の政務運営も、引き続き、清盛の構築した姻戚関係の上になされた。クーデター翌年の治承四年（一一八〇）二月には、高倉天皇から言仁親王への譲位が行われ（安徳天皇、八一代）、高倉院政が開始される。このとき、清盛は引き続いて福原に居を構えており、日常政務は、高倉院・摂政基通・宗盛を核として、親平家派の公卿たちを中心に運営されていた。

その具体的な場となったのが、「内議《ないぎ》」と呼ばれる非公式の協議の場であった。これは、院御所議定《いんごしょぎじょう》などに先立って政権中枢の意見を統一するために行われたもので、そこでの結論は親平家派の公卿たちによって議定の場で代弁された（田中一九九四）。

そもそも、院御所議定自体も非公式なものだったのだが、院政の定着とともに公的な性格が強くなり、出席資格として故実《こじつ》・先例に通じていることが求められた。それゆえ、朝廷政務の経験が浅い平家一門の意志を国政に反映させるために、内議が必要とされたのである。

このように、武力と姻戚関係との上に成立した清盛の政権だったが、武力による強圧的な政権運営を恒常的に続けることは不可能であるし、姻戚関係についても、いつまでも天皇の外戚であり続けることは難しい。平家が政権を握り続けるためには、どこかの時点でこれらの問題を解消し、持続可能な政権構造を構築する必要がある。

内議を恒常化することは、そのための有力な選択肢となりえただろう。また、娘の盛子を通じて、摂関家領の経営を清盛が代行し、平家の家人《けにん》が摂関家領荘園の現地支配に食い込んでいったように、高倉院・安徳天皇・中宮徳子を通じて、院領荘園の支配を実質的に平家が行うようになれば、院・摂関家は、平家一門と運命共同体とならざるをえなくなる。実際、平家は後白河院政の停止とともに荘園も没収しているし、のちに後白河院政を再開した際にも、高倉院が母滋子から伝領していた荘園については、後白河院に返還せず、中宮徳子に伝領させている。

しかし、それらはすべて未発の可能性に終わり、平家を中心に発足した高倉院政は、わずか一年の短命に終わった。全国に上がった反平家の火の手に抗しきれなかったからである。治承四年から文治《ぶんじ》五年（一一八九）まで、およそ一〇年にわたる治承～文治の内乱のきっかけとなったのも、やはり皇位継承に関わる問題であった。

治承〜文治の内乱と皇位継承

以仁王の挙兵

内乱の口火を切ったのは、安徳《あんとく》天皇即位からわずか三か月後の治承《じしょう》四年（一一八〇）五月に挙兵した、以仁《もちひと》王であった。以仁王は、仁平《にんぴょう》元年（一一五一）に生まれた後白河《ごしらかわ》院の第三皇子で、高倉《たかくら》院の異母兄にあたる。

本来、以仁王は皇位継承から外れた皇子として、僧となる予定だった。ところが、師の最雲法親王が応保《おうほ》二年（一一六二）に死去したため、出家は立ち消えになった。その後、永万《えいまん》元年（一一六五）に二条《にじょう》天皇が死去した際、二条天皇派の一部に、以仁王を擁立する動きがあったが、これによって、以仁王は後白河院や平家から疎まれ、親王宣下すら受けられずにいた。さらに、治承三年（一一七九）には、治承三年政変のあおりを受けて、最雲法親王から伝領（相続）していた常興寺《じょうこうじ》領荘園を、平家によって没収されていた。

以仁王にとって、清盛の武力によって擁立された高倉院・安徳天皇の政治的正統性は、認めがたいものであった。挙兵に際し諸国の武士に向けて発せられた令旨《りようじ》（命令文書）の中で、以仁王は、壬申《じんしん》の乱《らん》の天武《てんむ》天皇の例にならい、皇位を奪い取った者たちを追討し即位することを、大義名分の一つとしている。現在伝えられている令旨の文面が正確な物かどうかは疑わしいが、おそらく大筋ではこうした主張が行われたものと考えられる。とはいえ、これだけであれば以仁王個人の意向でしかない。それが個人の問題にとどまらず一つの勢力となりえた理由は、後援者の存在にあった。その後援者こそ、八条院である（五味二〇一二）。

八条院は鳥羽院と藤原得子《ふじわらのとくし》（美福門院《びふくもんいん》）との間に生まれた皇女であるが、重要な点は、彼女が両親から莫大な荘園を相続していたことであった。荘園は単なる経済基盤の役割だけではなく、荘園の権利に関わる人間を組織する役割も果たしていた。八条院領の預所《あずかりどころ》や下司となっていた貴族・武士にとって、本家である八条院は奉仕の対象であり、八条院は彼らの権利を保護する立場にあった。いってみれば、彼らの間には、荘園を媒介にした、一種の主従関係が成り立っていたのである。

その組織力は、以仁王の挙兵に際しても活用され、挙兵には、多数の八条院の関係者が関与している。以仁王の下で参戦した源仲家《みなもとのなかいえ》・足利義清《あしかがよしきよ》は、八条院の判官代《ほうがんだい》（下級の家政職員）であった。また、以仁王の令旨を諸国の武士に伝達した源行家《ゆきいえ》も、八条院の蔵人《くろうど》に補されていた。足利義清の名字の由来である下野国足利庄や、同じく挙兵に参加した下河辺清親《しもこうべきよちか》の名字の由来である下総国下河辺庄は、まさに八条院領荘園であった。

以仁王の挙兵自体は、わずか一二日間で平家により鎮圧されたが、以仁王の令旨は、源行家によって、東国の反平家勢力にもたらされた。治承三年政変により、平家は新たに数多くの知行国《ちぎようこく》を獲得していたが、一方で、平家の家人によって利権からはじき出された者たちの間には、反平家の機運が高まっていたのである。

以仁王挙兵の鎮圧後、相模国の武士である大庭景親《おおばかげちか》ら平家家人が東国に下り、逃亡した挙兵関係者の捜索に当たったことも、軍事的緊張に拍車をかけた。結果、以仁王の挙兵から三か月後の治承四年八月から九月にかけて、源頼朝《よりとも》・甲斐源氏一族・源義仲《よしなか》らが東国で立て続けに挙兵し、事態は全国的内乱へと進展していく。

荘園制・知行国制は、いずれも、院政期に院の権力の下で飛躍的に発達した制度である。荘園制・知行国制によって、都と地方とを結ぶネットワークが形成された結果、都での政治状況が地方の情勢に直結する構造が出来上がっていた。その結果、皇位継承をめぐる対立によって、全国的内乱が引き起こされたのである。

内乱の推移と皇位継承問題

内乱の結果、文治元年（一一八五）の壇《だん》ノ浦《うら》の合戦で平家が滅亡し、勝利した源頼朝を長とする鎌倉幕府が成立したことは、周知の通りだ。ここでは、内乱の推移について、そもそもの内乱のきっかけであった、皇位継承問題の点から分析してみよう。

挙兵した以仁王は、まず園《おん》城《じょう》寺《じ》に逃れたのち、南都へと移動する途中で平家軍と合戦になり、敗死している。このこともあって、以仁王の令旨を拠り所に挙兵した頼朝は、早くも挙兵翌年の養和《ようわ》元年（一一八一）には、後白河院に対して和平を申し出ている。

頼朝の父義朝《よしとも》は、かつて後白河院の近臣であり、母方の熱田大宮司家《あつただいぐうじけ》一門も後白河院の近臣であったことから、後白河院と頼朝との間には、かねてから連絡があったものと考えられている。『平家物語』では、頼朝は挙兵に際し、後白河院からひそかに賜った院宣《いんぜん》（院の命令文書）を奉じていたと伝えられている。和平交渉は平宗盛《むねもり》の拒絶によって失敗に終わっているが（平清盛は同年閏二月に死去）、頼朝にとって、後白河院との協調は、当初からの既定路線であった。

これとは違う方針をとったのが、源義仲である。その理由は、以仁王の挙兵に参加した源仲家が義仲の兄であった関係からか、京を脱出した以仁王の長男が、義仲の下にやってきていたことによる。まだ元服前であったこの孫王は「北陸宮《ほくりくのみや》」と称されており、寿永《じゅえい》二年（一一八三）七月に、義仲が北陸道に遠征してきた平家軍を撃破し上洛すると、北陸宮も義仲に擁立されて上洛を果たした。

このとき、平家一門は安徳天皇を擁して都を捨て大宰府《だざいふ》に下ったため、問題となったのは、安徳天皇に代わる天皇をどうするかである。当然のごとく、義仲は北陸宮を推したが、そもそも以仁王を後継者と考えていなかった後白河院はもちろん、以仁王の庇護者であった八条院ですら、北陸宮を一顧だにしなかった。後白河院が選んだのは、高倉院の第四皇子で自身の孫にあたる後鳥羽《ごとば》天皇（八二代）であった。

もちろん、当時の京中で最大の軍事力を持っていた義仲の動向に対する危惧は存在したが、「木曽は腹立ち候まじきか（義仲は怒らないだろうか）」と心配する八条院に対し、後白河院は「木曽は、何とかは知らん（木曽のことなど知ったことではない）」と一蹴している（『たまきはる』）。その後、義仲による平家追討が失敗し、さらに、同年一〇月には、後白河院の意向により、東海道のみならず義仲の勢力圏である東山道の行政権をも頼朝に認める宣旨《せんじ》（天皇の命令）が発せられたため、後白河院と義仲の関係は険悪化し、一一月には、後白河院の立て籠もる法住寺《ほうじゅうじ》殿を、義仲が武力攻撃するに至った。

法住寺殿には、院の北面の武士をはじめ、義仲から離反した武士や、延暦寺・園城寺の悪僧などが参集し、数の上では義仲軍を上回った。だが、実戦となると、後白河院方の軍勢は、勇猛で経験豊富な義仲軍の敵ではなかった。合戦は義仲軍の勝利に終わり、後白河院・後鳥羽天皇は、義仲の保護下に置かれたのである。

ところが、肝心の北陸宮は、直前まで後白河院とともに法住寺殿で生活していたのだが、合戦二日前の夜に法住寺殿を脱出し、京都からも逃げ出してしまっていた。結局、義仲は、後白河院・後鳥羽天皇の立場に何ら変更を加えることはできず、摂政に藤原師家《もろいえ》（治承三年政変で失脚した元関白藤原基房《もとふさ》の子）を立てたものの、有効な政策をほとんど行えないまま、翌元暦《げんりやく》元年（一一八四）正月に、上洛してきた頼朝軍に敗れ戦死する。義仲自身の勢力が脆弱であったこともあるが、単に武力のみを以って皇位継承に関与し、朝廷を主導することは、この段階ではいまだ不可能だったのである。

源頼朝の対朝廷政策

それでは、鎌倉に本拠を置き、京都の朝廷とは距離を保った頼朝の場合は、皇位継承問題や朝廷の政務運営に、どのように関わったのだろうか。

この点でまず注目されるのは、文治元年（一一八五）一〇月に起きた源義《よし》経《つね》・行家《ゆきいえ》による反頼朝の挙兵への、頼朝の対応である。このとき、義経・行家は後白河院から頼朝追討の院宣を獲得したものの、京都周辺の武士を思うように動員することができなかったため、九州・四国の武士を組織するために摂津国大物浦《だいもつのうら》から出航し、直後に暴風雨に遭遇して行方をくらましてしまっている。

これに対し、頼朝のとった処置として、一般には、義経・行家の逮捕を目的とした、いわゆる守護《しゅご》・地頭《じとう》の設置が知られている（実際には、西国諸国に、国地頭《くにじとう》・惣追捕使《そういぶし》が置かれたと考えられている）。しかし、頼朝の朝廷に対する姿勢を考える上では、廟堂改革と呼ばれる一連の政策がより重要である。これは、義経らに協力した院近臣《いんのきんしん》たちを処罰すること、議奏《ぎそう》公卿を設置すること、右大臣藤原兼実《かねざね》（藤原忠通の子）を内覧とすることなどを中心に、朝廷の人事に直接介入するものであった。

このうち、議奏公卿というのは、後白河院が重要な政策を決定する際に諮問すべき公卿一〇人を、頼朝が選抜したものである。設置の主たる目的は、義経の頼朝追討要求に同調した左大臣藤原経宗《つねむね》を諮問対象から除外し、後白河院の権力行使にブレーキをかけることにあったと考えられている。議奏公卿設置に合わせて、頼朝は議奏公卿のそれぞれに知行国を割り当てることも提案しており、これも、財源を保証することで後白河院に対する議奏公卿の独立性を確保することが目的であったと考えられている（美川一九九六）。

こうした詳細な人事案は、折紙《おりがみ》と呼ばれる文書によって後白河院と兼実のもとに伝達された。この折紙が同年の一二月二六日に京都に到着すると、二八日に兼実が内覧とされ、さらに、二九日には知行国の改変や院近臣の解官といった人事が頼朝案の通り実施されている。

義経らの挙兵以後、頼朝は一部の武士を京都に派遣したものの、頼朝自身は駿河・伊豆の国境付近の黄瀬川《きせがわ》で上洛を取りやめており、直接的な武力の行使はほとんど行っていない。にもかかわらず、頼朝の要求を後白河院以下の貴族たちはほぼ丸呑みしたのである。その背景には、義経らの都落ちにより後白河院を守護する武力がほとんど皆無に近かったこと、そして、清盛・義仲らによる直接的な武力の行使による恐怖の記憶が生々しかったことがあったと思われる。

しかしながら、頼朝が政治的パートナーとして選択した兼実は、翌年には前任の藤原基《もと》通《みち》に代わって摂政の地位につくものの、十分な政治的力量を備えておらず、朝廷の政務を主導するには程遠かった。議奏公卿についても、左大臣として公卿の最上位に位置し（当時太政大臣は空席）、政務に練達していた藤原経宗を除外して政務運営を行うことは困難であったため、ほとんど機能することなく、事実上、放棄されている。

何より、ほかに担ぐべき存在もない頼朝にとって、内乱当初の経緯からいっても、後白河院との関係強化は不可欠であった。結局のところ、その後の朝幕関係は、時に緊張をはらみつつも、基本的には、後白河院と頼朝との協調路線で進むことになったのである。

こののち、頼朝は個別の人事に意向を伝えることはあったが、朝廷の人事や政務に大規模に介入することはなかった。そんな頼朝が唯一執念を燃やしたのが、大姫《おおひめ》・三幡《さんまん》という二人の娘の入内である。この点について、かつては武士の棟梁《とうりょう》であった頼朝の貴族化の現れと見られており、「堕落」とさえ見なすような論調も見られた。しかし、本章の冒頭でも述べたように、現在の研究では、武士はあくまでも貴族社会の構成員であったと考えられており、この点では頼朝も例外ではない。そこで、この問題について、皇位継承の観点から再検討してみよう。

大姫入内問題の発端

大姫が源頼朝と北条政子《ほうじょうまさこ》の長女として生まれた時期については、治承二年（一一七八）とする説が有力である。当時の女性は、しばしば政略結婚の駒のように扱われるが、大姫の処遇は、まさにその典型といえよう。大姫が最初の婚姻を行ったのは寿永二年（一一八三）、わずか六歳の時のことであった。相手の源義高《よしたか》（義仲の子）もわずか一一歳。このとき、頼朝と義仲との間には勢力圏をめぐる争いが生じており、和平の手段として、二人の結婚が執り行われたのであった。

早婚の当時にあっても相当に幼い夫婦であったが、二人の仲は睦まじかったらしい。それだけに、翌元暦元年（一一八四）正月に義仲が頼朝に討たれ、その余波で四月に義高が頼朝に討たれると、大姫の受けた精神的打撃は大きかった。以後、大姫は、心身の病を抱えて生きることとなる。

頼朝にとっても、娘に心の傷を与えてしまったことは大きな後悔の種であり、それを癒すために、数々の治療や祈禱が行われた。それと並行して、義高に代わる再婚相手探しも行われ、義高が討たれた約半年後の八月には、当時の摂政基通《もとみち》との再婚の噂が京都で持ち上がっている。これは単なる噂で終わったが、義高の死から七年後の建久《けんきゅう》二年（一一九一）に持ち上がったのが、大姫を後鳥羽天皇に入内させるという工作だったのである。

大姫入内問題は、後鳥羽天皇の后妃選定の問題、ひいては、皇位継承者選定の問題に関わっている。即位当時わずか四歳であった後鳥羽天皇は、建久元年（一一九〇）に一一歳で元服を行った。先にも述べたように、当時の天皇は、元服にともなって后妃を迎えるのが通例であり、後鳥羽天皇の中宮とされたのは、摂政兼実の娘任子《にんし》であった。このとき任子は一八歳であり、后妃候補として申し分ない。すでに後鳥羽天皇元服の前年、兼実は後白河院に任子の入内を申し入れており、後白河院もこれを快諾している。こうした経緯にもかかわらず、任子入内の翌年に大姫の入内が新たに取りざたされたのはなぜだろうか。

頼朝の上洛

その背景にあったのは、源頼朝の上洛にともなう、朝幕関係の大きな変化である。文治五年（一一八九）、源義経を奥州にかくまっていた藤原泰衡《やすひら》は、頼朝の威圧に屈して義経を討ってその首を鎌倉に差し出したが、頼朝はこれを許さず奥州に侵攻し、奥州藤原氏を攻め滅ぼした。これによって、以仁王挙兵以来続いた内乱は、完全に終結した。

内乱後の体制構築に向けて、頼朝は、翌建久元年、ついに上洛を果たす。かつて平家の拠点であった六波羅《ろくはら》に宿所を構えた頼朝は、後白河院や兼実と面談し、右近衛大将《うこんえのだいしょう》に任じられた。幕府の長といえば、一般的には征夷大将軍《せいいたいしょうぐん》のイメージだが、近衛大将は征夷大将軍よりも格上の職であり、何より、天皇の守護者としての象徴的な意味合いが重要である。

大将の職務は在京しなければ果たせないため、頼朝は鎌倉に帰るまでの短期間で右近衛大将を辞任するが、翌建久二年三月には、諸国の盗賊の取り締まりを頼朝に命じる宣旨が出されている。これは、朝廷、具体的には後白河院が、頼朝に国家的な警察権を付与したことを意味する。右近衛大将任官と宣旨とにより、鎌倉幕府は朝廷の守護者という国家的な位置付けを与えられたのである。慈円《じえん》（兼実の弟）は、『愚管抄《ぐかんしょう》』の中で、鎌倉幕府のことを、三種の神器の一つで、壇ノ浦の合戦の際に海に沈んで失われた宝剣に代わって、天皇を護持するもの、と位置付けている。

もちろん、だからといって、頼朝が唯々諾々と朝廷の意向に従っていたわけではない。この時代、認められた権限を行使することは、往々にして、実権の掌握につながる。権限を実体化するため、建久二年二月、頼朝は、京都守護であった一条能保《いちじょうよしやす》（頼朝の姉婿）に、検非違使別当《けびいしべっとう》（検非違使庁の長官）を兼ねさせている。

検非違使庁は京都周辺の治安維持や市政などを職掌とする機関であり、その職掌は室町時代に室町幕府によって事実上吸収されるが、鎌倉時代にはまだ京都守護や六波羅探題といった鎌倉幕府の出先機関とは別系統の組織として、独自に活動していた。しかし、京都守護の一条能保が検非違使別当を兼ねたことにより、京都周辺の軍事・警察機能は、能保の下に一元化されたのである。

しかも、直後の同年四月には、大江広元《おおえのひろもと》が明法博士《みょうぼうはかせ》・左衛門大尉《さえもんのたいじょう》・検非違使に任官されている。言うまでもなく、広元は、守護・地頭設置を頼朝に献策したなどと伝えられている頼朝の側近であり、内乱以前は京都で下級の官人として勤めており、実務経験豊富な人物であった。その広元を、頼朝は検非違使庁の法務部門のトップに据えたのである。

これらの人事は、頼朝が、文治元年（一一八五）の廟堂改革とは別のアプローチで、朝廷に関与しようとしていたことを示している。大姫の入内が取り沙汰されるのも同年四月の事であり、広元がこれに関与していたとの想定もなされているように、大姫の入内工作もこうしたアプローチの一環であったと考えられる。

すなわち、頼朝も、平清盛と同様、天皇の外戚となることで、朝廷に介入することを意図していたということである。実は、諸国の盗賊の取り締まりを命じる宣旨についても、すでに仁安《にんあん》二年（一一六七）に平重盛に対して同様の宣旨が出されており（五味一九七九）、この点でも、頼朝は清盛をモデルとして後追いをしているといえる。

それが単純に「貴族化」などと評価できないことはすでに述べたが、留意しておかなければならないのは、中世というのは、「縁」が政治的・社会的に非常に大きな役割を果たす時代だったことである。たとえば、すでに紹介したように、平正盛が白河院に荘園を寄進しようとしても、有力な院近臣への奉仕という個人的なコネがないことには、立荘（設立の認可）はおぼつかないのだ。

中世に限らず、姻戚関係というものは、さまざまな「縁」の中でも最も密接な関係である。頼朝が既存の政治的枠組みの中で権力を行使しようと考える限り、天皇の外戚の地位を求めることは必然であった。

入内工作の失敗と建久七年の政変

だが、結局のところ、大姫入内工作は実現しなかった。その最大の要因は、大姫自身の健康が回復しなかったことにある。また、一条能保・大江広元を通じての検非違使庁掌握も、直後に発生した延暦寺強訴の防御に失敗したため、両者ともに、在任一年足らずで検非違使を辞任している。その後は、能保の指揮による軍事活動が行われることはほとんどなく、能保の活動は、もっぱら朝幕間の連絡役に留まった。

その後、建久五年（一一九四）には大姫と一条高能《たかよし》（能保の子）との縁談が持ち上がるが、大姫はこれも拒否する。さらに、建久六年（一一九五）に頼朝は政子・大姫らを伴って再度上洛し、大姫の入内工作を大々的に展開するが、結局これも実らぬまま、建久八年（一一九七）に大姫は死去してしまう。その短い生涯は、父頼朝の置かれた政治状況に翻弄された、はかないものであった。

さて、従来、この大姫入内工作が頼朝の最大の失策と評されてきた理由は、二度目の工作の翌建久七年（一一九六）に関白藤原兼実が失脚しており、この政変は頼朝が大姫入内の障害となる兼実を見殺しにした結果であると考えられてきたことによる。つまり、頼朝は、娘の任子を後鳥羽天皇の中宮としている兼実がいる限り大姫の入内工作は実らないと考え、その排除を黙認したというのである。

『愚管抄』は、この政変の黒幕を源通親《みちちか》としている。通親は後鳥羽天皇の乳母夫として信任を得ており、政変の前年には、養女の源在子《ざいし》（承明門院《しょうめいもん》）が、後鳥羽天皇の皇子を産んでい

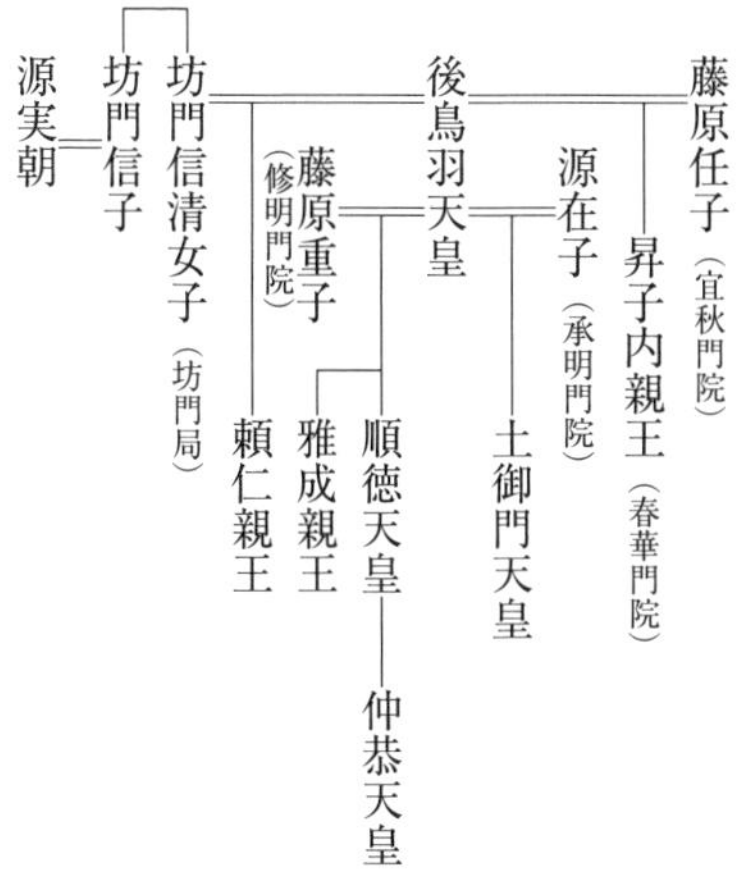

図9　後鳥羽天皇関係系図

た。政変後の建久九年（一一九八）、この皇子（土御門《つちみかど》天皇、八三代）が即位したことで通親は外戚の座を手に入れており、政変によって最大の利益を挙げた存在であることは間違いない。

しかし、重要な点は、後鳥羽天皇自身にも、兼実を排除する必要性が存在していたことである。後鳥羽天皇は政変当時まだ一七歳と若年であったが、すでに前年から政務の親裁を開始しており、皇子が誕生したことで譲位して院政を開始する意向を持っていた。その後鳥羽天皇にとって、長きにわたり摂関として政務運営を行ってきた兼実は、親裁を行う上で自身の意向を掣肘する邪魔な存在である。また、中宮任子は政変の前年に後鳥羽院の皇女昇子《しょうし》内親王（春華門院《しゅんかもんいん》）を産んでおり、将来の皇子誕生による外戚化を期待する兼実にとって、それを不可能とする後鳥羽天皇の譲位は承認しえないものであった。

『愚管抄』は、政変で通親が兼実を流罪としようとしたのを、後鳥羽天皇が押し止めたとしており、後鳥羽天皇が兼実を擁護する立場にあったかのように描写している。しかし、実のところはこれも後鳥羽天皇の冷徹な政治的判断の結果であり、後鳥羽天皇は兼実の九条家と基通の近衛家を両立させて摂関の地位を争わせ、摂関の人事権を行使することで両家の上に君臨するという政策意図を持っていた。政変で関白の座に復帰した近衛基通が、建仁《けんにん》二年（一二〇二）に九条良経《よしつね》（兼実の子）へと交代させられているのは、その現れである。

慈円によって後鳥羽天皇に捧げられた書物である『愚管抄』は、九条家の立場を正当化することを一つの目的としていたがゆえに、後鳥羽天皇が九条家を擁護した面しか描いていないのである。むしろ、このエピソードのポイントは、後鳥羽天皇がすでに政治的意思を発揮して通親を従わせていた点にある。政変で通親の果たした役割は、いわば「実行犯」であり、その行動はあくまで後鳥羽天皇の意を体したものであったと見てよい。

建久七年の政変は、後鳥羽天皇が独裁を確立するための第一歩であり、さらに大きな目で見れば、保元《ほうげん》の乱《らん》・平治《へいじ》の乱《らん》などと同様に、院・天皇の世代交代にともなって構造的に生じた政変であった。それは、単に頼朝の失策というような性質のものではなかったのである。

後鳥羽院政の開始と頼朝

政変から約一年後の建久九年（一一九八）正月、後鳥羽天皇は土御門天皇に譲位し、院政を開始する。このとき、事前に通知を受けた頼朝は幼帝の即位を嫌い、後鳥羽院の兄である守貞《もりさだ》親王ないし惟明《これあきら》親王を即位させるよう後鳥羽院に打診したが、この提案は一顧だにされなかった。その理由として、朝廷と幕府との力関係がいまだ朝廷優位にあったことはもちろん影響しているが、そもそも、後鳥羽院の定めた皇位継承に関して、頼朝が介入しうるような条件は、何も存在しな

図10　後鳥羽天皇（伝藤原信実筆，水無瀬神宮所蔵）

かったのである。

　もしも大姫入内が実現していれば、頼朝は后妃の父として、当然この皇位継承に介入していたであろうし、後鳥羽院も、それをむげに退けることは難しかっただろう。それがわかっていたからこそ、なおも頼朝は天皇の外戚となることをあきらめず、続いて次女の三幡を後鳥羽院の后妃としようとしたのである。しかし、譲位翌年の正治《しょうじ》元年（一一九九）に、頼朝と三幡が相次いで急死したことによって、この工作も潰え、朝幕関係の構築という課題は、頼朝の次世代へと引き継がれる。

　なお、土御門天皇へと譲位してからわずか二年後の正治二年（一二〇〇）、後鳥羽院は土御門天皇の異母弟である守成《もりなり》親王（順徳《じゅんとく》天皇、八四代）を皇太弟とし、承元《じょうげん》四年（一二一〇）に即位させている。順徳天皇の母は藤原重子《じゅうし》（修明門院《しゅめいもんいん》）で、後鳥羽院は重子を正式の后妃にすることこそなかったものの、長らく同居して正妻として遇していた。

　後鳥羽院が順徳天皇に皇位を継承させた理由が、母重子に対する寵愛にあるのはもちろんだが、重要な点は、土御門天皇から順徳天皇へと皇統を変更するという重大な決定であるにもかかわらず、立太弟や譲位に際して、鎌倉幕府への通告が一切なかった点である。頼朝亡き後、後鳥羽院は、皇位継承について事前に幕府と相談する必要性を、もはや認めなかったのだ。

ちなみに、順徳天皇が皇太弟に立てられたのは、源通親存命中のことであった。この立太弟は、通親が将来外戚の座を外されることを意味し、通親の立場が後鳥羽院の権力の下できわめて限定されたものであったことを物語る。朝廷において、後鳥羽院の権力は絶大であり、そのことは、朝廷と幕府との間の力関係にも、大きく影響を及ぼしている。

鎌倉初期の朝幕関係と承久の乱

頼朝死後の朝幕関係

源頼朝の死後、跡を継いだのは長男の源頼家《みなもとのよりいえ》であった。しかし、頼家が鎌倉殿となった直後から、頼家が訴訟の裁定を直接下すことが停止され、一三人の有力御家人による合議制が敷かれたのを皮切りに、独裁を志向する頼家と合議制を志向する有力御家人の対立や、有力御家人同士の争いが一気に表面化する。中でも特に影響が大きかったのは、頼家の外戚である北条氏と、頼家の妻の実家である比企《ひき》氏との対立であり、建仁《けんにん》三年（一二〇三）に比企氏は滅亡、頼家は鎌倉殿の座を追われ伊豆国修善寺に幽閉されたのである（翌元久《げんきゅう》元年［一二〇四］に暗殺）。

この結果、頼朝の次男である源実朝《さねとも》が鎌倉殿として新たに擁立されたが、実朝の外戚であるはずの北条時政《ときまさ》が、実朝を廃して娘婿の平賀朝雅《ひらがともまさ》を擁立しようとするなど、さらに混乱は続いた。時政が朝雅を擁立しようとした理由は、朝雅の妻が、時政の後妻牧《まき》の方《かた》の産んだ娘であるのに対し、実朝の母である政子《まさこ》は、先妻の産んだ娘であるということにあった。血縁関係が政治的に重要な役割を果たしたのは、鎌倉幕府の場合も同様である。

このように幕府内部が混乱した状態であっては、頼朝の頃のように幕府主導で朝廷との関係を構築しようとすることなど不可能である。むしろ、幕府内部で権力を確立するために朝廷の権威を必要としたのは実朝の側だった。それが具体化したのが、元久元年に行われた実朝の婚姻である。

このとき、当初実朝の正妻の候補とされていたのは足利義兼《あしかがよしかね》の娘であったが、これを急きょ変更し、京都に使者を派遣して正妻を求めることに決定された。その結果、坊門信清《ぼうもんのぶきよ》の娘坊門信子が、実朝の正妻として鎌倉に嫁入りしたのである。『吾妻鏡《あずまかがみ》』は、この変更を実朝の意向によるものとしているが、当時わずか一三歳の実朝の一存で、このような決定が行われるはずがなく、そこには、幕政を代行していた母政子と、その同母弟の北条義《よし》時《とき》の意向が反映されていると考えられる。

また、信子が鎌倉に下る際、後鳥羽《ごとば》院が行列を見物していることから、その人選は、後鳥羽院の意向で行われたものと想定される。重要な点は、信子の姉が後鳥羽院の妻の一人（坊門局）であったことであり、信子を正妻としたことで、実朝は、後鳥羽院の義理の兄弟ということになった。

そもそも、後鳥羽院の母坊門殖子《しょくし》（七条院《しちじょういん》）は信清の姉であり、信清は、後鳥羽院の外戚として、朝廷で重きをなしていた。娘信子が実朝の正妻となった結果、信清は関東《かんとう》申次《もうしつぎ》となり、朝廷と幕府との間の連絡役を務めている。実朝を中心とした幕府の体制が安定すると、こうした婚姻関係を背景に、朝幕関係もおおむね協調路線が維持されることとなったのである。

なお、実朝の代の関東申次としては、もう一人、西園寺公経《さいおんじきんつね》も、その任を果たしている。公経の妻は源頼朝の姪《めい》（一条能保と頼朝姉の娘）であることから、実朝から見て、公経は義理のいとこにあたる。親族というにはやや遠く薄い縁であるが、それでも、幕府側から見れば、十分に意義のある縁であった。

頼朝をはじめとする鎌倉幕府の構成員は、貴族社会での身分が低かったために、朝廷の上層部との縁は元来薄く、京都とから遠く離れた鎌倉に存在するという地理的要因とも相まって、朝幕関係の構築は容易ではなかった。それがようやく、実朝の婚姻によって、一応の安定的な関係が構築されたのである。

この安定が破れたのは、承久《じょうきゅう》元年（一二一九）正月、実朝が、甥の公《く》暁《ぎょう》（源頼家《よりいえ》の子）に暗殺されたことによってであった。

源実朝暗殺と宮将軍問題

実朝には子がなかったので、このとき問題となったのは、実朝の後継者をどうするかということであった。頼朝の男系子孫には、実朝の異母兄である貞暁《じょうぎょう》（母は大進局）、頼家の三男である禅暁《ぜんぎょう》（母は一品房昌寛の娘）がいたが、いずれも早くに仁和《にんな》寺《じ》に入り僧となっており、候補の圏外にあった。それどころか、禅暁は兄の公暁に加担した嫌疑をかけられ、翌承久二年（一二二〇）に京都の東山で斬首されている。

実は、実朝の後継者問題については、すでに実朝の暗殺前年の建保《けんぽう》六年（一二一八）、北条政子が熊野詣の途上で京都に立ち寄った際、後鳥羽院に仕える女房として権勢を誇った藤原兼子《けんし》（卿二位《きょうのにい》）との間で、一つの案が持ち上がっていた。後鳥羽院と坊門局との間に生まれた皇子頼仁《よりひと》親王を、実朝の後継者としようというのである。

後鳥羽院の皇子のうち、皇位を継承した土御門《つちみかど》天皇・順徳《じゅんとく》天皇以外の多くは、幼年で出家して僧になっている。白河《しらかわ》院が皇位継承から外れた皇子を僧として以来、皇位継承の圏外にいる皇子たちは僧となるのが通例であり、後鳥羽院も基本的にそれに倣っているのだが、後鳥羽院の特異な点は、皇位継承から外れた皇子の一部を、出家させずにおいたことにある。

後鳥羽院が土御門天皇へと譲位し、さらに、土御門天皇の異母弟である順徳天皇へと譲位させたこと、順徳天皇の母藤原重子《じゅうし》（修明門院《しゅめいもんいん》）が後鳥羽院の正妻として遇されていたことは、すでに述べた。後鳥羽院と重子との間には、順徳天皇のほかに雅成《まさなり》親王が生まれており、この雅成親王と頼仁親王の二人が、出家することなく、親王としての待遇を受けていたのである。

とはいえ、皇位を継承するのは、あくまで順徳天皇の子孫であるから、彼らは皇位継承からは外れてしまっている。そんな二人にとって、征夷大将軍として関東に下り、幕府の主となるというのは、悪い話ではない。

後鳥羽院の長江庄・倉橋庄地頭職改補要求

実朝暗殺の半月後、雅成親王・頼仁親王のいずれかを征夷大将軍として鎌倉に迎えるよう後鳥羽院に奏請する使者が、鎌倉から派遣された。ところが、案に相違して、後鳥羽院は首を立てには振らなかった。それどころか、親王の早期下向を再度要請した幕府に対し、後鳥羽院は、摂津国長江庄《ながえのしょう》・倉橋庄《くらはしのしょう》の地頭を改補せよとの要求を突き付けたのである。

地頭は、内乱の中で、武士が荘園において新たに獲得した地位で、荘園での徴税といった現地管理を行い、利益の一部を得分《とくぶん》（報酬）として得るというものである。この時点では、御家人の本領や平家から没収した荘園などに、限定して置かれていた。

荘園領主の側から見れば、地頭は「押しかけ管理人」とでもいうべき存在であり、地頭による年貢の納入が滞るなど、荘園領主と地頭との間では、さまざまなトラブルが頻発していた。長江庄・倉橋庄の場合も同様で、後鳥羽院は、両庄を愛妾であった白拍子《しらびょうし》の亀《かめ》菊《ぎく》の所領としていたが、両庄の地頭は亀菊を軽んじたため、後鳥羽院は地頭の交代を幕府に要求したのである。

後鳥羽院が地頭の改変を要求したのはこれが初めてではなく、すでに実朝存命中の建永《けんえい》元年（一二〇六）には、備後国大田庄の地頭を廃止するよう、実朝に要請している。ところが、実朝は、大田庄の地頭についてはは頼朝が定めたものであるから、さしたる罪もない地頭を廃することはできないと、これを拒絶した。幕府にとって、地頭は自らの支持基盤である御家人たちの権益の根幹であり、それを廃することは、後鳥羽院との協調路線を取る実朝ですら、承認しえなかったのである。

宮将軍問題と絡めて、地頭職改補を幕府に突き付けた後鳥羽院の意図は、実朝死後の朝幕関係において、幕府を従属的な立場に置くことにあった。とはいえ、これは幕府側にとって飲める要求ではない。幕府は、北条時房《ときふさ》（政子・義時《よしとき》の異母弟）に一千騎の武士を付けて上洛させ、交渉を行ったが、宮将軍の下向・地頭の交代は、ともに実現せずに終わった。

結局、次期将軍には、頼朝の遠縁にあたる、九条頼経《よりつね》が迎えられた。遠縁というのは、頼朝の姪（一条能保と頼朝姉の娘）が、頼経の祖母（祖父九条良経《よしつね》の妻）だったからである。また、先述の通り、関東申次の西園寺公経も、同様に頼朝の姪を妻としていたが、二人の間に生まれた娘こそ、頼経の父九条道家《みちいえ》の正妻となって頼経を産んだ西園寺綸子《りんし》だった。宮将軍擁立に失敗した幕府首脳にとって、頼経の擁立は、次善の策であったといえよう。

対して、後鳥羽院にとって、実朝暗殺と頼経擁立は、鎌倉幕府との縁が切れたことを意味する。実朝暗殺に関して、かつては、実朝の官位が急激に上昇したことが、身分不相応な官位につけることで災いをもたらさせる「官打ち」を意図したものと考えられたこともあるが、現在では、むしろ摂関家に准じる家格《かかく》を認めたものとして積極的な評価がなされている。これまで見てきたように、実朝との姻戚関係を通じての朝幕関係の構築こそが後鳥羽院の方針であり、後鳥羽院に実朝を除かねばならない理由はない。むしろ、実朝の暗殺は後鳥羽院の方針を根底から覆したのであり、これこそが、後鳥羽院を承久の乱へと踏み切らせた、最も直接的な原因にほかならないのである。

承久の乱

実朝暗殺から二年後の承久三年（一二二一）五月、後鳥羽院は北条義時の追討を命じる院宣《いんぜん》・官宣旨《かんせんじ》（天皇の命により弁官が下す文書）を発し、招集した官軍によって京都守護伊賀光季《いがみつすえ》を討ち果たした。承久の乱の勃発である。

『吾妻鏡』によると、このとき後鳥羽院によって動員された兵力は千七百余騎、最終的な最大兵力は二万七千余騎と、誇張があるにしても、相当数の兵力が動員されたことは間違いない。その主力は、在京していた御家人や、西国の守護を務める御家人たちであった。これ以前、強訴への対応など京都での公的な軍事行動では、基本的に後鳥羽院の命令によって在京御家人が動員されており、承久の乱でもその線に沿った動員が行われたのである。とはいえ、後鳥羽院は自前の武力で勝利することを目指していたわけではない。追討の対象が義時個人とされていたように、後鳥羽院は北条氏とその他の御家人とを分断し、他の御家人たちの手で北条氏を討たせることができると考えていた。実際、追討命令は院の使者によって鎌倉へと伝達されたほか、北条氏に次ぐ有力御家人である三浦義村《みうらよしむら》には、後鳥羽院に仕えていた弟の三浦胤義《たねよし》が書状によって院方につくよう勧めていた。

ところが、鎌倉の御家人たちは、幕府方すなわち北条氏に付くことを選択した。三浦義村が胤義の書状を義時に差し出したほか、大江広元・三善康信《みよしやすのぶ》といった幕府草創以来の宿老《しゅくろう》たちも、こぞって義時を支持した。その理由は、追討の対象は義時個人であると言いながら、後鳥羽院の真意は幕府そのものを倒すことにあったことを、彼らが読み取っていたからであろう。兵力の動員方法に見られるように、後鳥羽院は、鎌倉殿のような存在を介さず、武士たちを自らの下に個別に組織することを志向していたと考えられる。地頭の問題についても、後鳥羽院による介入の行きつく先は、院による地頭の任免権掌握である。

草創以来、内ゲバの連続であった鎌倉幕府であったが、後鳥羽院という共通の敵を見出した御家人たちは、自身の権益を守るために団結したのであった。『吾妻鏡』によると、東海・東山・北陸の三道に分かれて派遣された兵力は、計一九万余騎。にわかには信じがたい数字だが、後鳥羽院方の兵力を圧倒するに足る規模であったことは間違いない。院方は、まず美濃国墨俣《すのまた》に、次いで宇治《うじ》など京近辺に防衛線を敷いたが、幕府方の怒涛の進撃の前に潰え去った。

承久の乱の戦後処理

敗戦が決定的になった六月一五日、後鳥羽院は幕府方の総大将であった北条泰時《やすとき》（義時の嫡子）に使を派遣し、今回の合戦は後鳥羽院の意向により起こったものではなく、近臣たちによるものであったことを申し入れた。さっそく責任を転嫁し、恭順の意を示したわけである。

後鳥羽院の祖父である後白河院《ごしらかわ》も、文治《ぶんじ》元年（一一八五）に源義経・行家に源頼朝の追討宣旨を発して失敗した際には、義経・行家に強要されたと頼朝に申し開きをしている。このときの頼朝は、後白河院の弁明を一応受け入れ、処罰の対象は院近臣《いんのきんしん》にとどめたが、後鳥羽院みずから積極的に挙兵へと突き進んだ今回は、さすがにこの弁明は通らなかった。

泰時の報告を受けた義時ら幕府首脳は、後鳥羽院の隠岐配流を決定したのである。『承久記《じょうきゅうき》』によると、このとき同時に決定されたのは、①守貞《もりさだ》親王（後高倉《ごたかくら》院）に院政を行わせ、守貞親王の三宮（後堀河《ごほりかわ》天皇、八六代）を即位させること、②後鳥羽院の皇子たちは泰時が取り計らって流罪とすること、③乱に加わった貴族たちは鎌倉に下向させるか斬首とすること、④女院・摂関家などへの狼藉を禁じること、という四点である。

幕府方の圧倒的な軍事力と、院方の敗北という現実を前に、朝廷は幕府の決定を粛々と受け入れた。もっともよく知られているのは、土御門院が土佐国へ、順徳院が佐渡国へ、それぞれ流罪とされた、いわゆる「三上皇配流」であろう。このほか、かつて宮将軍の候補となった、雅成親王も但馬国へ、頼仁親王も備前国へ、それぞれ配流されている。

七月九日には、仲恭《ちゅうきょう》天皇の事実上の廃位と後堀河天皇の即位が行われ、後堀河天皇の父後高倉院による院政が開始された。後高倉院自身が天皇とされなかったのは、後高倉院が建暦《けんりゃく》二年（一二一二）にすでに出家していたことによる。即位していない後高倉院の院政を可能にするため、八月一六日には、後高倉院に太上天皇の号を贈るという異例の措置が取られている。

ここで最も重要なのは、幕府がいとも簡単に天皇の交代を決定していることだ。当時の天皇は、仲恭天皇（八五代）。順徳天皇と中宮九条立子《りっし》との間に建保六年（一二一八）に生まれた皇子で、乱が起こる直前の承久三年（一二二一）四月二〇日に、順徳天皇から譲位が行われている。譲位の目的は、順徳天皇が制約の多い天皇の位を離れて挙兵に協力することと、立子の父道家を外戚とすることで、挙兵を黙認させることにあった。実際、仲恭天皇の摂政となった道家は、挙兵に関して、鎌倉にいる息子頼経のもとに、何も知らせていない。

鎌倉幕府による天皇の廃立

このとき、仲恭天皇自身はわずか四歳であり、当人に政治責任はまったくない。にもかかわらず、仲恭天皇が廃されたのは、後鳥羽院の院政を停止するためである。後鳥羽院の院政を停止するためには、代わりに誰かが朝廷の政務を主導する必要があるが、父の順徳院も同じく配流され、外祖父の道家も乱後の七月八日に摂政を辞めさせられているから、仲恭天皇を補佐できる血縁者は存在しない。幕府にとって、当人に政治的責任はなくとも、仲恭天皇を廃することは、必然の選択であった。

これにより、皇位継承者の決定権は、鎌倉幕府の掌握するところとなった。荘園群についても、後鳥羽院の有していた八条院《はちじょういん》領などの膨大な荘園は、いったん鎌倉幕府によって没収されたため、後高倉院に返付されたのちも、鎌倉幕府はこれらの荘園の相伝に介入する権利を得た。

ただし、これらの権利を、鎌倉幕府は常に行使していたわけではなく、その影響は、しばらくは表出しなかった。また、朝廷と幕府との関係についても、鎌倉幕府の介入しない朝廷独自の職権や領域が存在し、朝廷の存立基盤や存在意義が直ちに失われたわけではなかった。次章では、鎌倉幕府の皇位継承への関与のあり方の変遷や、それが及ぼした影響について述べよう。

皇統の分裂

承久の乱の影響

両統迭立

鎌倉時代の皇位継承に関する最大のトピックは、皇統が二つに分裂し、それぞれの皇統から交互に天皇が立てられるようになったことである。この現象は両統迭立《りょうとうてつりつ》と呼ばれており、のちに南北朝内乱という未曽有の内乱を引き起こしたことは、よく知られている。

皇統の枝分かれが生じたのは、後嵯峨《ごさが》天皇（八八代）の二人の皇子、後深草《ごふかくさ》天皇（八九代）と亀山《かめやま》天皇（九〇代）が、兄弟で即位したことによってである。縁の深い寺院名を冠して、後深草天皇の子孫は持明院統《じみょういんとう》、亀山天皇の子孫は大覚寺統《だいかくじとう》と、それぞれ称される。

ただし、皇統が分立することは、亀山天皇が即位した時点で決まっていたわけではない。後述する通り、後嵯峨院は、後深草天皇の子孫を皇位継承から排除し、亀山天皇の子孫の

図11　持明院統と大覚寺統

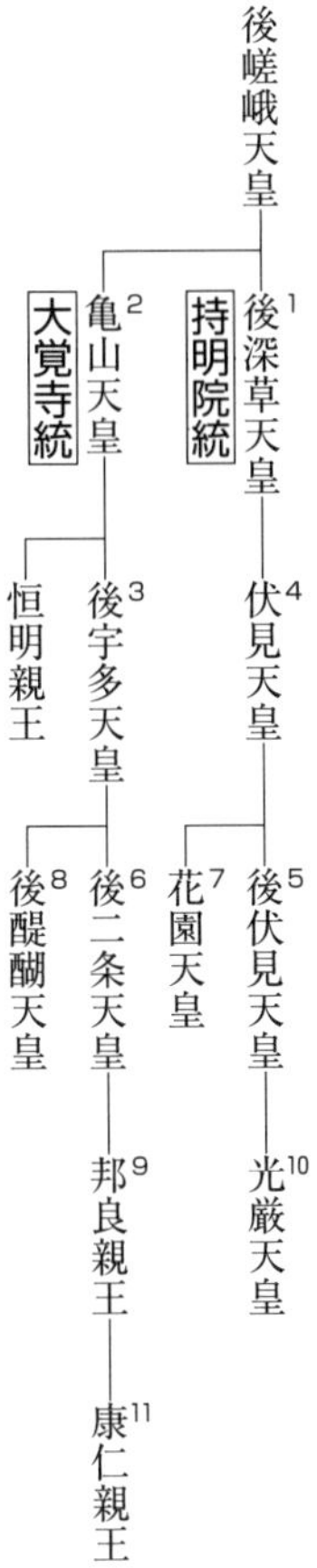

※数字は立太子（立太弟）順

みで皇位を伝えるつもりだったからである。こうした後嵯峨院の意向に反し、両統迭立が行われることとなったきっかけは、建治《けんじ》元年（一二七五）、鎌倉幕府の介入により、後深草院の皇子熙仁《ひろひと》親王（伏見《ふしみ》天皇、九二代）が皇太子に立てられたことであった。

両統迭立を引き起こした幕府の意図として、朝廷を分裂させることで幕府の権威を高める目的であったとする説もあるが、承久の乱から熙仁親王立太子までの五四年間、幕府の皇位継承への関わり方は消極的であり、熙仁親王を立太子させたのも、自ら積極的に望んで行った介入では決してなかった。むしろ、幕府は必要に迫られて介入せざるをえなくなったのであり、両統迭立は、その産物であった。

では、なぜこのとき、幕府は皇位継承に介入したのか。また、それはどのような影響を及ぼし、南北朝内乱に結びついていったのか。本章ではこういった点について考えていきたい。

両統迭立について考える前に、まずはその前提として、両統迭立以前の皇位継承の状況と、幕府の関与について見ておこう。

弱体な後高倉皇統

承久の乱後、鎌倉幕府によって擁立された後高倉院《ごたかくら》・後堀河《ごほりかわ》天皇父子（ここでは後高倉皇統と称することとする）であったが、乱前は後鳥羽院の存在の陰でまったく陽の当たらない存在だっただけに、その存在基盤は弱体だった。

彼らを支えるべき外戚も、後高倉院の母方の坊門家《ぼうもんけ》は、前章で見たように、後鳥羽院政の主柱であった上、後高倉院のおじである信清《のぶきよ》はすでに建保《けんぽう》四年（一二一六）に死去し、その子忠信《ただのぶ》は、承久の乱で斬首こそ免れたものの、越後国に配流されている。また、後堀河天皇の母持明院《じみょういん》陳子（北白河院）の実家である持明院家は、中納言止まりの中級貴族で、政治的には当てにならなかった。

加えて、院政開始からわずか二年後の貞応《じょうおう》二年（一二二三）には、後高倉院が四五歳の若さで死去してしまう。残された後堀河天皇は、前年にようやく元服したばかりの一二歳。母親の陳子や、承久の乱以前にすでに出家していた兄の尊性法親王《そんしょうほっしんのう》・道深《どうしん》法親王が後堀河天皇を支えたが、朝廷を主導するというのには程遠い体制であった。

こうなると、後高倉皇統にとっては、後堀河天皇の婚姻によって、新たな政治的提携相手を選ぶことが重要となる。だが、皇統の弱体さを反映して、後堀河天皇の后妃選びは混迷を極めた。貴族たちの側からすれば、弱体な皇統に后妃を送り込んで朝廷の主導権を握る好機なのだが、その第一候補となる摂関家の側では、近衛家・九条家とも適齢の女性が存在しなかったことも、混乱に拍車をかけた。

結局、後堀河天皇の后妃には、貞応元年（一二二二）に三条有子《さんじょうゆうし》（安喜門院《あんきもん》）、嘉禄《かろく》二年（一二二六）に近衛長子《このえちょうし》（鷹司院《たかつかさ》）、寛喜《かんぎ》元年（一二二九）に九条竴子《くじょうしゅんし》（藻璧門院《そうへきもん》）と、短期間に三人の女性が相次いで入内した。一人の天皇に複数の女性が女御《にょうご》として並立した摂関期と違い、彼女たちは、それぞれ、入内した時点では唯一の正妻であった。にもかかわらず、有子・長子は、ともに、あとから入内した女性に押し出される形で、院号宣下を受けて宮中から退出しており、そのこと自体、試行錯誤の連続の現れといえよう。

九条道家の権勢

こうした混乱は、寛喜三年（一二三一）、後堀河天皇と中宮九条竴子との間に待望の男子が生まれたことにより、一応の終息を見た。この皇子は同年のうちに皇太子に立てられ、翌貞永《じょうえい》元年（一二三二）には早々に即位している。これが四条《しじょう》天皇（八七代）であり、譲位した後堀河院による院政も、同時に開始された。

ところが、翌天福《てんぷく》元年（一二三三）、第二皇子を身ごもっていた竴子が、御産の際に母子ともに死去してしまう。悲嘆に暮れた後堀河院も、後を追うように、翌文暦《ぶんりやく》元年（一二三四）に二三歳で早世してしまった。

残されたわずか四歳の四条天皇を支えて政務を行ったのは、外祖父の九条道家《みちいえ》であった。加えて、鎌倉にいる将軍九条頼経《よりつね》は、道家の息子である。院不在の朝廷内で、道家は絶大な権力を誇ることとなった。

将軍頼経との関係を考えれば、もっと早くに道家の権勢が実現していてもおかしくなかったのだが、道家は承久の乱で摂政を罷免され、一時的に逼塞《ひっそく》を余儀なくされていた。道家の復権が実現したのは、竴子が入内する前年の安貞《あんてい》二年（一二二八）、後堀河天皇の関白となったことによってである。その後、道家は寛喜三年に関白を息子教実《のりざね》に譲っていたが、嘉禎《かてい》元年（一二三五）に教実が二五歳で早世したため、道家が四条天皇の摂政となっている。

摂政就任二年後の嘉禎三年（一二三七）、道家はライバル近衛家の当主であった近衛兼《かね》経《つね》を婿に迎え、摂政の地位を兼経に譲った。そして、おそらくはその見返りとして、近衛長子（鷹司院）が、四条天皇の准母《じゅんぼ》とされている。

実は、長子は後白河院《ごしらかわ》の皇女である覲子《きんし》内親王（宣陽門院《せんようもん》）の養女となっており、覲子内親王が後白河院から相続していた莫大な荘園群である長講堂領《ちょうこうどうりょう》は、長子が相続することとなっていた。長講堂領は、その後、後深草院の子孫である持明院統の財源となったことで著名である。

長子が四条天皇の准母とされたことは、ゆくゆくは、四条天皇が長講堂領を相続することを意味する。つまり、道家は、これらの婚姻関係や養子関係の設定を通じて、自らの影響下にある皇統の下に大規模な荘園群を集中させるとともに、摂関家の対立も自身の下に収束させることに成功したのである。

道家の主導する朝廷では、道家の邸宅で開催される殿下評定《ひょうじょう》と呼ばれる会議によって、主要な政務運営が行われていた。殿下評定は、院政期の院御所議定《ぎじょう》の延長線上に位置するもので、のちの院評定制の原型となっている（岡田一九八六）。道家は、院権力によって生み出された皇位継承・荘園相続の仕組みや政治システムを、院不在の状況で引き継ぐことによって、かつての藤原道長以上の権勢を手にしたのである。

さらに、仁治《にんじ》二年（一二四一）には、道家は孫娘の九条彦子（教実の娘、宣仁門院《せんにんもん》）を四条天皇に入内させている。四条天皇と彦子の間に皇位継承者が誕生すれば、道家の権力はますます盤石となるはずであった。だが、ほころびは思わぬところから生じた。仁治三年

（一二四二）正月九日、四条天皇がわずか一二歳で死去してしまったのである。

鎌倉幕府による後嵯峨天皇擁立

今も昔も、子供のいたずらは、時に重大な結果を引き起こす。四条天皇の死因も、きっかけはささやかないたずらだった。四条天皇は、人が滑って転ぶさまを見て楽しもうと、石段に滑石をこすり付けておいたらしい。ところが、実際にそれで転んだのは当の本人であり、しかも、よりによって頭を強く打ってしまったのである。四条天皇が死去したのは、それから四日後のことであった。四条天皇の突然の死は、延応《えんおう》元年（一二三九）に隠岐国で死去していた後鳥羽院の祟りによるものと噂されたが、それも当然であろう。

当時、後高倉皇統に四条天皇以外の皇位継承可能な男子は存在しなかったから、道家としても、万一の際の皇位継承候補者を用意していた。順徳院の皇子、忠成《ただなり》王である。先述の通り、順徳院の正妃は道家の妹九条立子であり、二人の間に生まれた仲恭《ちゅうきょう》天皇は、承久の乱で廃されたのち、文暦元年（一二三四）に死去するまで、母ともども道家の庇護下で暮らしていた。道家にとって、姻戚関係にあった順徳院の皇子から皇位継承者を選ぶのは、自然な選択である。

ところが、鎌倉幕府にとって、これは許容できない選択であった。というのも、順徳院は後鳥羽院の後継者として承久の乱に主体的に参加したため、佐渡国に流罪とされていたが、この時点でまだ存命であったからである（四条天皇の死の八か月後に死去）。忠成王が皇位につけば、必然的に、順徳院が帰京し、父として院政を行うこととなる。

道家の意向を受け、忠成王の皇位継承を打診した朝廷の使者に対し、幕府の返答は、土御門院《つちみかど》の皇子邦仁《くにひと》王（後嵯峨天皇）を皇位につける、というものであった。幕府が後嵯峨天皇を選択した理由は、前章で述べたように、土御門院が後鳥羽院によって皇統から外された存在であり、承久の乱にも積極的に関与していなかったからである。このため、幕府は当初土御門院を処罰しない意向であったが、父と進退を共にするという土御門院自身の意志により、土佐国に流罪とされたのであった。こうした経緯により、土御門院の配流は、承久の乱の処罰の中で最後に行われ、また、配流から二年後の貞応二年には、土佐国より京都に近い阿波国へと配所が移されている。

さらに、後嵯峨天皇の外戚である土御門定通《つちみかどさだみち》（母土御門通子のおじ）は、執権北条泰時《ほうじょうやすとき》の妹竹殿を妻としていた。定通がこのコネを通じて運動したことも、功を奏したのである。

鎌倉幕府の介入は非常事態

鎌倉幕府によって皇位継承者の人選をひっくり返された朝廷には、大きな衝撃が走った。そもそも、四条天皇の死後、幕府の了承を得るために使者が往復するための一一日間、皇位が空白となっていること自体、異例中の異例であった。その上、皇太子不在の状況で天皇が空位となった場合、貴族たちの合議によって皇位継承者を定めるのが先例（光仁《こうにん》天皇・光孝《こうこう》天皇）であったが、この先例も、幕府は否定してみせたのである。

朝廷を主導していた九条道家、関東申次《かんとうもうしつぎ》西園寺公経《さいおんじきんつね》をはじめ、貴族たちは、幕府の介入に不満を持った。当時前参議であった中級貴族平経高《たいらのつねたか》は、日記『平戸記《へいこき》』の中で、幕府の武士のことを、「凡卑の下愚」（いやしい者の愚かな考え）・「異域蛮類」（異国の野蛮人）などと、口を極めて罵っている。もちろん、圧倒的な武力を持つ幕府の決定には表立って逆らえないからこそ、このように、陰にこもって批判を書き連ねたのであるが。

注意しなければならないのは、貴族たちにとって、幕府の介入は予想外の事態であったということである。両統迭立が開始され、幕府による皇位継承への介入が常態化すると、貴族たちの日記には、皇位のゆくえが幕府の意向によって左右されることへの愚痴や、幕府の支持を得るために汲々とする当事者への皮肉が散見するようになるが、この時の貴族たちの反応には、幕府の介入を当然視するような記述はうかがえない。経高も、幕府の介入を不当なものととらえて怒っているのである。

承久の乱の結果、仲恭天皇が廃され、三人の上皇と二人の親王が配流されたことは、貴族たちに大きな衝撃を与えた。しかし、その後、四条天皇が後堀河天皇の皇太子に立てられ、後堀河天皇から四条天皇への譲位が行われるという過程で、幕府の関与は、後堀河天皇の譲位を打診してきた朝廷の使者に対して難色を示したのが唯一であった。この時も、譲位を主導したのは道家と公経であったが、両者は幕府の意向を意に介さず譲位を実行しているし、四条天皇の立太子の段階では、幕府への打診すら行っていない。そうした経緯があったからこそ、道家・公経は、幕府の出方を見誤ったのだろう。

亀山天皇の即位

その後、後嵯峨天皇は、寛元《かんげん》四年（一二四六）に後深草天皇に譲位して院政を行ったが、次いで、正元《しょうげん》元年（一二五九）に、後深草天皇の弟である亀山天皇を皇位につけた。

これまでも繰り返し述べてきたように、院政は、父など天皇の直系尊属である院しか行うことができない。すなわち、弟が皇位継承者となることは、兄の天皇にとって、院政を行う可能性を否定されたことを意味する。

さらに、文永《ぶんえい》五年（一二六八）には、亀山天皇の皇子世仁《よひと》親王（後宇多《ごうだ》天皇、九一代）が皇太子とされている。皇位継承に関する後嵯峨院の意向は、後嵯峨院―亀山天皇―世仁親王というものであり、これが、いわば「後嵯峨皇統」と呼ぶべきものであった。

一方、後深草院は皇統から除外されていたのであり、この時点では、二つの皇統が並立するというような状況ではなかった。本章の冒頭で、後深草天皇・亀山天皇の即位を、両統迭立の直接的な原因ということができないと述べた理由は、まさにここにある。

そこで、後嵯峨院が、なぜ兄の後深草天皇の子孫に皇位を伝えさせるのではなく、弟の亀山天皇を新たに皇位継承者としたのかというのが、問題となる。ところが、実はこれがすこぶる難しい。

亀山天皇即位の背景

院政成立後、後深草天皇・亀山天皇以前の皇位の兄弟継承の事例としては、崇徳《すとく》天皇と近衛《このえ》天皇、土御門《つちみかど》天皇と順徳《じゅんとく》天皇の例が存在するが、それらはいずれも異母兄弟の間での皇位継承であり、そこには院の寵愛の移り変わりが大きな影響を及ぼしていた。すなわち、鳥羽院の寵愛が、崇徳天皇の母藤原璋子《ふじわらのしょうし》（待賢門院《たいけんもんいん》）から近衛天皇の母藤原得子《とくし》（美福門院《びふくもん》）へと移り、後鳥羽院の寵愛が、土御門天皇の母源在子《みなもとのざいし》（承明門院《しょうめいもん》）から、順徳天皇の母藤原重子《じゅうし》（修明門院《しゅめいもん》）へと移り変わっていたように。

ところが、後深草天皇と亀山天皇は、ともに西園寺姞子《きつし》（大宮院《おおみや》）の子であった。つまり、亀山天皇が皇太弟とされたのは、従来のような、外戚の選択の結果ではないということである。

また、譲位の事情としては、譲位時に一七歳であった後深草天皇が成人して政務参加することにより、あつれきが生じるのを避けた可能性があるが、すでに述べたように、同様の事態において天皇に皇位継承可能な皇子が存在しない場合には、崇徳天皇と近衛天皇や、高倉天皇と後白河院の皇子のように、養子関係を設定することで、将来の院政を保証していた。後深草天皇と亀山天皇の場合、養子関係も設定されなかった上に、のちに皇太子には、亀山天皇の皇子である世仁親王が、後深草院の皇子を差し置いて立てられているのであるから、後嵯峨院が後深草天皇を皇統からも排除しようとしたことは明白である。

さらに、皇位継承が可能な男子が少なかったために断絶した後高倉皇統を反面教師として、兄弟をともに皇位につけることにより皇位継承候補者を増やそうとしたという見解も出されているが、それならば、後鳥羽院政期の雅成《まさなり》親王・頼仁《よりひと》親王のように、単に出家しない親王として置いておけば良いのであり、弟まで即位させて、不安定要素を増やす必要はない。

結局、なぜ後嵯峨院が後深草院に代えて亀山天皇を嫡流としたのかは、政治的な理由からは説明がつかず、個人的好悪、つまり、後嵯峨院が亀山天皇を特にかわいがっていたことに基づくものと考えるよりほかない。

後嵯峨院が亀山天皇をかわいがった理由は、おそらくその生育環境にある。実は、当時の天皇は、父院が存命の場合でも、決して同居することはなかった。このため、後深草院も寛元四年にわずか四歳で即位して以後、在位中は父と離れて暮らしていた。

こうした場合、通常は母后が同居して幼帝の養育にあたるのだが、後深草院の母である姞子は、重要な行事の際に介添え役として立ち会う程度で、普段はもっぱら夫の後嵯峨院と同居していた。その結果、建長《けんちょう》元年（一二四九）に二人の間に生まれた二人目の皇子こそ、亀山天皇にほかならない。亀山天皇は正元元年（一二五九）に一一歳で即位するまで、両親と同居していた。こうした状況で、両親が弟である亀山天皇も皇位につけようと考えることは、きわめて自然である。

鎌倉幕府の抑制的な対応

鎌倉幕府の介入によって皇位についた後嵯峨天皇は、当然ながら、皇位継承に関わる決定に際し、慎重に幕府の同意を得るよう努めた。皇位継承の際の具体的な経緯については、史料が残っておらず詳細が不明なことも多いが、後深草天皇の即位・世仁親王の立太子については、事前に幕府に通告し同意を得ていることがわかっている。

これに対し、幕府が朝廷の決定に横槍を入れることはなく、皇統の変更につながる、亀山天皇の立太弟の際にも、幕府の反応は取り立てて伝えられていない。まして、幕府から皇位継承に関わる要求が出されることは皆無であった。

それどころか、文永九年（一二七二）、後嵯峨院が死去に際して鎌倉に書状を送り、後深草院と亀山天皇のいずれを後継者とするかは幕府の裁量に任せると伝えたのに対し、幕府は、後家《ごけ》の大宮院に後嵯峨院の遺志を確認し、その遺志に沿って、亀山天皇に政務を執らせるよう裁定を下したのである。これを受けて、亀山天皇は親政を開始、さらに、文永一一年（一二七四）には皇太子世仁親王に譲位し（後宇多天皇）、院政を開始した。

幕府のこうした態度も当然で、後嵯峨院を擁立したのが幕府であった以上、その後嵯峨院の権威に傷を付けるような介入を行うことなど、幕府にとって百害あって一利なしである。だからこそ、後嵯峨院死去後の建治元年（一二七五）、後深草院の皇子熙仁親王（伏見天皇）を皇太子とするよう幕府から朝廷に通告したことは、それまでの皇位継承や朝幕関係のあり方を、大きく変える出来事となった。このとき、幕府はなぜ介入を行ったのか。また、この介入は、その後の歴史をどのように動かしたのか。

元寇と両統迭立

文永の役と朝幕関係

鎌倉幕府の方針転換の原因は、前年に起こった文永《ぶんえい》の役の衝撃であったと考えられる。

日本に初めてモンゴルの国書がもたらされたのは、文永五年（一二六八）のことである。国書は幕府を経て朝廷にもたらされたが、軍事的威圧をちらつかせながら通交を迫る文面に対し、朝廷・幕府は、ともに黙殺を決め込んだ。以後、たびたびもたらされるモンゴルからの通信にも、日本側から返信が送られることはなかった。翌文永六年（一二六九）に再度もたらされた通信に対してのみ、朝廷は返信しようとしたが、強硬姿勢を取る幕府の制止によって取りやめとなった。これ以後、実質的な外交権は、幕府が担うこととなる。

もちろん、軍事的脅威に対処するのも、幕府の役割であった。幕府は、軍事力を担う御家人の動員を確実なものとするため、文永九年（一二七二）、諸国の守護に命じて、田畠の面積とその領主を記した土地台帳である大田文《おおたぶみ》を作成させた。さらに、翌文永一〇年（一二七三）には、御家人が借金の担保とした土地を無償で回復することを認めるなどの、御家人の所領回復令が出されている。これは、歴史教科書などでも特筆されている、永仁《えいにん》五年（一二九七）に出された永仁の徳政令《とくせいれい》の前段階となるような政策である。

そして、文永一一年（一二七四）、元《げん》（モンゴル帝国は文永八年［一二七一］に国号を「大元」とする）・高麗の連合軍が、ついに来襲した。文永の役である。

折からの暴風に見舞われたこともあり、元軍は短期間で撤退したが、これ以後、幕府は急速かつ飛躍的に、戦時体制への移行を推し進めた。よく知られているのは、現在でも博多湾岸に一部残存している石築地《いしついじ》の建造（建治《けんじ》二年［一二七六］開始）であるが、朝廷との関係で重要なのは、元軍の来襲直後、幕府が御家人だけでなく本所一円地《ほんじょいちえんち》の住人にも動員をかけていることだ。

本所一円地とは、公家や寺社の有する荘園のうち、特に幕府や御家人がまったく権利を有さないもののことである。その支配に対して、幕府は従来ほぼノータッチであり、軍事動員の対象は、あくまで御家人に限られていた。ところが、戦争という非常事態への対処のため、幕府は、御家人ではない本所一円地の住人に対しても、動員を行ったのである。これは、結果的に、鎌倉幕府の権限が及ぶ範囲の拡大へとつながった。

もちろん、こうした強権的な処置は、さまざまなトラブルを生む。外患に直面する時期であればこそ、内部分裂の種となりかねないトラブルを放置しておくことは、一層許されない。そこで重要なのは、トラブルを平和的に解決するための手段、すなわち裁判である。すでに元軍の来襲以前、幕府は、先述した御家人の所領回復令の発令に合わせ、訴訟を担当する引付衆《ひきつけしゆう》や奉行人《ぶぎようにん》に対し、公正かつ迅速な裁判を行うよう命じている。

幕府にとって、朝廷における皇位をめぐる争いも、分裂の種となりかねないという点で、放置しておくわけにはいかない事案であった。さしたる理由もなく皇統から排除された後《ご》深草院《ふかくさ》が不満を持つのは当然であったが、問題はそれが後深草院個人の問題ではなく、多くの貴族たちを巻き込みかねないものだったことである。

後深草院と長講堂領

実は、後深草院は、建長《けんちよう》三年（一二五一）に、准母《じゆんぼ》の覲子《きんし》内親王（宣陽《せんよう》門《もん》院）から、長講堂領を相続していた。先述したように、長講堂領は覲子内親王から養女の近衛《このえ》長子《ちようし》（鷹司《たかつかさ》院）へと相続される予定であったが、後嵯峨《ごさが》院がこれに待ったを掛けた結果、長子には長講堂領の一部が譲られるにとどまったのである。

ここで重要なのは、後嵯峨院が、亀山《かめやま》天皇を嫡流に据えたのちも、後深草院の長講堂領の相続に対して、何の干渉も行っていない点である。だからこそ、長講堂領は、後深草院の子孫である持明院統《じみょういんとう》の財政基盤となったのであった。

長講堂領を相続したことについて、のちに、持明院統は、自分たちが後嵯峨院の嫡流であることの証拠として主張している。だが、すでに述べたように、実際には後嵯峨院が亀山天皇の子孫に皇位を継承させようとしていたのは明らかである。後嵯峨院が後深草院に長講堂領を相続させた理由は、後深草院が皇統から外れたのちも、院としてきちんと身が立つようにするためであったと考えられる。

というのは、後嵯峨院は、死去に先立って資産を子供たちに配分した際にも、後深草院に、知行国《ちぎょうこく》として播磨国を、荘園として肥前国神崎庄を譲っているからである。この後嵯峨院の資産配分の際に、亀山天皇には知行国讃岐国・美濃国が譲られているが、後深草院の取り分は、亀山院に対して見劣りするものではない。

なお、持明院統の財源となった長講堂領に対し、亀山天皇の子孫である大覚寺統《だいかくじとう》の財源となったことで知られる荘園群が八条院領であるが、この八条院領が亀山天皇のものとなるのは、前所有者である邦子《ほうし》内親王（後高倉《ごたかくら》院の皇女、安嘉門《あんかもん》院）が死去した、弘安《こうあん》六年（一二八三）のことである。つまり、文永九年（一二七二）に後嵯峨院が死去した時点で、後深草院は、亀山天皇に比べて、財政的にははるかに恵まれていたのである。

第三章でも述べたように、本家である院・女院にとって、荘園は単なる土地や財源ではなく、領家《りょうけ》・預所《あずかりどころ》である貴族たちとの間に、ある種の主従関係を結ぶ役割を果たしていた。長講堂領荘園の領家・預所である貴族たちにとって、本家である後深草院は、たとえ院政を行っていなくとも、奉仕の対象だったのである。

かつての以仁《もちひと》王の挙兵のような内乱に結び付く危険性こそないものの、長講堂領を有する後深草院の存在は、朝廷内部において無視しえないものであった。皇位継承に対する幕府の介入は、朝廷内部の対立に対する調停としての意味合いを持っていたのである。

それだけではなく、関東申次《かんとうもうしつぎ》を務める西園寺実兼《さいおんじさねかね》も、後深草院の支持に回っていた。

関東申次、西園寺家

朝廷と鎌倉幕府との間の連絡役である関東申次は、寛元《かんげん》二年（一二四四）に西園寺公経《きんつね》が死去すると、一時、九条道家《くじょうみちいえ》とその関係者によって占められていたが、寛元四年（一二四六）に鎌倉で政変が起こり、道家の子で将軍九条頼嗣《よりつぐ》の父である九条頼経《よりつね》が鎌倉から追放されると、頼経を追放した執権北条時頼《ほうじょうときより》によって、公経の子の西園寺実氏《さねうじ》が関東申次に指名された。その実氏が文永六年（一二六九）に死去すると、後継の関東申次とされたのが、実氏の孫であった実兼《さねかね》である。

すでに述べたように、仁治《にんじ》三年（一二四二）、鎌倉幕府の指名によって後嵯峨《ごさが》天皇が即位した際、関東申次であった公経も、当初は道家とともに、順徳院の皇子忠成《ただなり》王を推していた。ところが、これがきっかけで幕府との間に溝を深めた道家に対し、公経は、忠成王のために用意しておいた衣服を後嵯峨天皇に転用し、儀式を行うという、みごとな変わり身を見せる。

それによって公経が得た収穫こそ、孫娘姞子《きつし》（大宮院《おおみやいん》）の入内であった。姞子が後深草《ごふかくさ》天皇・亀山天皇の二人を産んだことにより、西園寺家は二代の天皇の外戚となったのである。公経が寛元二年に死去したのち、跡を継いだ実氏も、引き続き朝廷で重きをなし、実氏の孫娘嬉子《きし》（今出河院《いまでがわいん》）が、亀山天皇の中宮となっている。

そこまでは良かったのだが、問題は、嬉子と亀山天皇との間に子が生まれなかったことにあった。亀山天皇の後継者となった後宇多《ごうだ》天皇を産んだ皇后洞院佶子《とういんきつし》（京極院《きようごくいん》）は、西園寺家傍流である洞院家の出身であった（佶子の父洞院実雄《さねかつ》は公経の庶子）。「四鏡《しきよう》」と称される四つの歴史物語の掉尾を飾る作品『増鏡《ますかがみ》』は、後宇多天皇の誕生と立太子を祝う洞院家と、それを苦々しく思う西園寺家との対照を、鮮やかに描いている。

さらに悪いことに、実氏の嫡男であった西園寺公相《さいおんじきんすけ》は、父に先立って文永四年（一二六七）に死去しており、実氏が文永六年に死去したとき、残された嫡孫実兼《さねかね》は、まだ二一歳という若年であった。このままでは洞院家にとって代わられかねない状況にあって、実兼は、後深草院と提携し、熙仁《ひろひと》親王を擁立したのである。

実は、熙仁親王も、母は実雄の娘洞院愔子《いんし》（玄輝門院《げんきもんいん》）であった。にもかかわらず、皇太子となった熙仁親王を支える東宮職《とうぐうしき》に、洞院家からはほとんど誰も入らなかったのに対し（愔子の甥である実明が、弘安九年［一二八六］に半年間のみ東宮権亮《ごんのすけ》となっている）、実兼が東宮職の事実上のトップである東宮大夫とされていることは、こうした事情を如実に表している。その後、弘安一〇年（一二八七）に熙仁親王の即位が実現すると、翌正応《しょうおう》元年（一二八八）に中宮とされたのは、実兼の娘西園寺鐘子《しょうし》（永福門院《えいふくもんいん》）であった。

幕府としても、朝廷に対し意思を伝達する上で、関東申次として窓口役となる西園寺家の勢威が低下することは、不都合であった。まして、元への対処のために朝廷との連絡が重要となったこの時期であれば、なおさらだ。幕府による熙仁親王立太子には、西園寺家に対する庇護という側面もあったのである。

伏見天皇の即位と鎌倉幕府の内紛

かくして、建治元年（一二七五）に熙仁親王は皇太子とされたわけであるが、このとき熙仁親王はあくまで将来の皇位継承を約束されただけであり、その先のことはおろか、熙仁親王が具体的にいつ即位するのかすら未定であった（なお、『神皇正統記』は、熙仁親王が立太子に際し亀山院の猶子とされたとするが、他の記録では確認できない）。いとこの煕仁親王が即位すれば院政が不可能になる後宇多天皇が、自発的に譲位するなど、望むべくもない。現代より平均寿命がはるかに短かった当時、煕仁親王が即位できぬまま死去する可能性は十分あった。

後深草院たちの待ち望んだ煕仁親王即位が行われたのは弘安一〇年（一二八七）、立太子から実に一二年後のことであった（伏見天皇、九二代）。この間、弘安四年（一二八一）には二度目の元の襲来も撃退されており（弘安《こうあん》の役《えき》）、立太子時に比して、軍事的脅威は低下している。伏見天皇の即位は、対外的な要因で引き起こされたものとは考えにくい。

煕仁親王の立太子から即位までの間に大きく変わったのは、鎌倉幕府首脳の顔ぶれである。立太子を決定した際の幕府首脳は、執権北条時宗《ほうじょうときむね》を中心に、その舅である有力御家人安達泰盛《あだちやすもり》（時宗の妻は泰盛の妹であり養女）、得宗《とくそう》（北条氏嫡流）の執事として御内人《みうちびと》（得《とく》宗被官《そうひかん》）を統率する内管領《うちかんれい》平頼綱《たいらのよりつな》の三者であった。

ところが、弘安七年（一二八四）に時宗が三四歳で急逝し、嫡男北条貞時《さだとき》が一四歳という若年で執権となると、貞時の外祖父である泰盛が幕府を主導することになる。泰盛は、元寇後の社会状況への対応のため、弘安徳政と呼ばれる改革を推進するが、その中で御家人への保護と御内人への抑圧を行った。このため、頼綱を中心とする御内人勢力との対立が生じ、翌弘安八年（一二八五）一一月に霜月騒動《しもつきそうどう》と呼ばれる頼綱らのクーデターが発生、泰盛が討たれたのをはじめ、その縁者の多くが敗死・自殺し、あるいは流罪とされたのである。

当時、弘安徳政と呼応し、朝廷でも、亀山院によって、訴訟制度の整備を軸とする改革が行われていた。ところが、霜月騒動によって泰盛が没落したことが、亀山院にとっては大きな痛手となった。霜月騒動から二年弱が経過した弘安一〇年一〇月、幕府の使者が上洛し、後宇多天皇から伏見天皇への譲位を行うよう通告したのである。

鎌倉幕府による皇統の変更

鎌倉幕府による介入は、譲位の通告に止まらなかった。正応元年（一二八八）、伏見天皇と典侍《てんじ》五辻経子《いつつじけいし》との間に胤仁《たねひと》親王（後伏見《ごふしみ》天皇、九三代）が誕生した。胤仁親王はこの年のうちに親王宣下《しんのうせんげ》も受け、皇位継承権を有する存在としてはっきり認められていたが、翌正応二年（一二八九）四月、幕府は、胤仁親王を皇太子とするよう関東申次西園寺実兼に通告したのである。この時点で、幕府はまぎれもなく、後深草院の子孫を皇統と定めたのであった。

さらに、同年九月には、鎌倉にいた征夷大将軍惟康《これやす》親王（宗尊《むねたか》親王の子、後嵯峨天皇の孫）が、事実上鎌倉を追放されて帰洛し、一〇月には、後深草院の皇子で、伏見天皇の異母弟である久明《ひさあきら》親王が、征夷大将軍に任じられ、鎌倉に下った。頼綱の支持を得て、持明院統は、にわかに我が世の春を迎えたのである。

翌正応三年（一二九〇）、浅原為頼《あさはらためより》ら三人の武士が、伏見天皇の御所であった二条《にじょう》富小路殿《とみのこうじどの》を襲撃するという、前代未聞の事件が起こる。伏見天皇は難を逃れ、為頼らは御所内で自害して果てたが、嫌疑をかけられたのは、言うまでもなく亀山院である。為頼の使用した太刀が、亀山院の近臣三条実盛《さんじょうさねもり》の家に伝来したものだったことも、疑惑に拍車をかけた。亀山院が事件に直接関与していたとは考えにくいが、こうしたテロリズムにでも拠らない限り、皇統は亀山院の子孫に戻らないのではないかと考える者があっても、おかしくない状況ではあった。事件とは無関係であるとの亀山院の陳弁は受け入れられたものの、この事件後、亀山院は逼塞《ひっそく》を余儀なくされたのである。

ここまで見てきたように、皇位継承に対する幕府の態度はおおむね抑制的であったが、その中で、幕府が例外的に強圧的な姿勢を示したのが、平頼綱が幕府を主導していた期間であった。朝廷を威圧し幕府の権威を高めるという方向性は、頼綱の武断的な方針によるものだといえるだろう。亀山院が皇統の変更に唯々諾々と従った背景には、霜月騒動という武力クーデターによって幕府の主導権を握った頼綱に対する恐怖心があったと考えられる。

武力によって成立した政権は、遅かれ早かれ、武力によって打倒される運命にある。クーデターによって成立した平頼綱の権力も、例外ではなかった。頼綱は、鎌倉幕府の訴訟制度などについても強圧的な運営方針を取ったため、幕府内部でも頼綱への反発が強まり、永仁元年（一二九三）、鎌倉を襲った地震の混乱に乗じた執権北条貞時の命によって、頼綱は誅殺されたのである。霜月騒動から八年後のことであった。

平頼綱の滅亡による皇統の再変更

こうして幕府政治の主導権を握った貞時は、皇位継承について、当初は特に変更を加えなかった。ところが、永仁六年（一二九八）七月、伏見天皇から皇太子胤仁親王（後伏見天皇）へと譲位が行われると、幕府の意向によって、翌月に後宇多《ごうだ》院の皇子邦治《くにはる》親王（後二条《ごにじょう》天皇、九四代）が皇太子とされた。三度目の皇統の転換が、この時確定したのである。

その直接のきっかけとなったのは、伏見天皇の寵臣として権勢を誇った京極為兼《きょうごくためかね》の失脚であった。実は、後深草院は正応三年（一二九〇）に出家して政務を退いており、伏見天皇が積極的に親政を進めていた。その側近として政務に介入したのが為兼であったが、その権勢のあまり、多くの貴族たちから批判を浴びただけでなく、本来は持明院統を支持していた西園寺実兼からも警戒されるようになった結果、伏見天皇の譲位直前の永仁六年三月、為兼は佐渡国に流罪とされたのである。

もっとも、本来の正統である大覚寺統を皇位継承から排除し続けることは、よほど強固な意志に拠らない限りは難しかった。邦治親王の誕生は弘安八年（一二八五）のことであったが、翌年にはすでに親王宣下を受け、皇位継承の有資格者とみなされていた。

そもそも、強引な皇位継承への介入が、頼綱の強圧的な政治姿勢の産物であった以上、頼綱亡きあとの幕府が、これに固執する必要はない。大覚寺統から邦治親王を皇太子として立てたのは、調停としての介入という点で、建治元年（一二七五）の熙仁親王立太子の事例に立ち返ったものといえるだろう。持明院統と大覚寺統とが分岐したのは、後深草天皇と亀山天皇の兄弟の時点にさかのぼるが、本当の意味で「両統が分立した」といえるのは、この邦治親王が皇太子とされた永仁六年のことであった。

両統迭立の確立

邦治親王の立太子以後、幕府にとって、両統を存続させることは、いわば国是ともいうべき基本方針となった。この方針が幕府をどれほど束縛したかは、のちの元弘《げんこう》元年（一三三一）、大覚寺統の後醍醐《ごだいご》天皇（九六代）による討幕の挙兵が失敗した際に（元弘の変）、幕府は後醍醐天皇に代えて持明院統の光厳《こうごん》天皇（北朝初代）を即位させたが、新たな皇太子は持明院統から立てず、大覚寺統の康仁《やすひと》親王（後二条天皇の孫、邦良《くによし》親王の子）を皇太子としたことに、はっきりと現れている。

邦治親王の立太子以前、両統は、それぞれ自統のみで皇位を独占することを望んでいた。

しかし、幕府の意思が両統の並存にあると明確になったのち、両統の幕府に対する要望は、「院政を行っていない側（＝皇太子を擁する側）が、譲位を求める」「院政を行っている側が、院政の継続を求める」というものへと変化する。皇位を独占するのが不可能である以上、現に皇位にある側にとって、できるだけ皇位に居座って院政を長く続けることが最善となり、皇位にない側としては、早く譲位を実現させることが最善となるからである。

結果として、幕府には、譲位の早期実現を願う、あるいは、院政の継続を願う使者が、頻繁に訪れることとなった。このように、両統の使者が馬に乗って鎌倉へと下向していく様子を、当事者の一人である花園院は、自身の日記で「競馬」と皮肉っている。

両統迭立と鎌倉幕府滅亡

鎌倉幕府の不見識

鎌倉幕府にとって、両統から皇位継承に関する陳情が持ち込まれる状況は、自らの皇位継承への介入が招いた事態とはいえ、不本意なものであった。幕府にしてみれば、皇位継承問題の裁定など、何のうまみもない、やっかいごとなのである。

裁定を下すからには、誰かがその内容を決定しなければならないが、得宗北条貞時が応長《おうちょう》元年（一三一一）に死去してからというもの、幕府では、誰かが強力に政務を主導しうるような状況ではなくなっていた。貞時の嫡子高時《たかとき》は、貞時死去の時点でわずか九歳。幼主を支えるべく、貞時から後事を託されたのは、高時の外戚である安達時顕《あだちときあき》と、内管領長崎高綱《ながさきたかつな》の二人であった。この「外戚と内管領」という取り合わせは、時宗亡き後の、外戚安達泰盛《やすもり》と内管領平頼綱のペアとまったく同じであったが、抗争の結果として霜月騒動という軍事衝突に至った前例と異なり、時顕と高綱による幕府運営は、「形の如く子細なく」（『保暦間記《ほうりやくかんき》』）と評されたような、先例通りの事なかれ主義に終始した（細川二〇一二）。

それでも、幕府が何とかして両統迭立のルールを明確化しようとした試みが、文保《ぶんぽう》元年（一三一七）に行われた文保の和談である。この時、持明院統の花園《はなぞの》天皇（九五代）は在位一〇年目を迎えており、幕府としては、一〇年での皇位交代を条件として、大覚寺統の皇太子尊治《たかはる》親王（後醍醐《ごだいご》天皇、九六代）へと譲位させようという腹であった。しかし、持明院統がこれを承服しなかったため、和談はお流れとなっている。

結局、譲位は翌文保二年（一三一八）に実現したが、この時、皇太子に立てられたのは、後醍醐天皇と同じ大覚寺統の、邦良《くによし》親王（後二条《ごにじょう》天皇の皇子）であった。この皇太子の人選は、本来、前年の和談の交渉過程で、譲位が実現しないことに対する大覚寺統への代償として、幕府から出されたものであり、譲位が実現した以上、この案も白紙になって当然であった。ところが、譲位を行ったにもかかわらず、次の皇太子も大覚寺統から立てられたのであるから、持明院統の側が不満を抱いたのも、無理のない話であろう。こうした幕府の不見識は、事態の混迷に拍車をかけた。

両統迭立が始まり、皇位から外れた側の皇統が皇位継承を要求することが恒常化すると、必然的に、皇位の交代が頻繁に行われるようになる。それにともなって生じたのが、皇太子の選定の問題である。

皇位継承のための養子関係

繰り返し述べてきたように、院政を行うためには、自分の子や孫を皇位につける必要があった。両統迭立期には、もう一方の皇統へと皇位を譲ることになるので、将来の院政を確保するためには、自身の子を皇太子としなければならない。ところが、皇位の交代が頻繁に行われた結果、譲位時に、皇太子とするべき子がまだ誕生していないという事態が生じたのである。

正安《しょうあん》三年（一三〇一）、後伏見《ごふしみ》天皇がわずか一四歳で譲位した際の状況が、まさにこれに当てはまる。この時、持明院統の取った選択は、後伏見天皇の異母弟富仁《とみひと》親王（花園天皇）を、後伏見天皇の養子として皇太子とする、というものであった。そうしておいて、後伏見《ごふしみ》院に譲位後に皇子が生まれたら、今度はその皇子を皇位につけようというのである。

これで持明院統の嫡流は安泰、という措置だが、気の毒なのは、花園天皇の立場であろう。皇位につけるとはいえ、甥が皇位につくまでの、完全な中継ぎ役に過ぎないのだ。男子直系継承が確立し、嫡子と庶子の区別が明確化された時代の、庶子の損な役回りを体現したような立場である。

この場合、最大の懸念は、中継ぎ役が自身の役目を素直に受け入れるかどうかだ。花園天皇は、この点で、まったく申し分のない人であった。後伏見院の第一皇子量仁《かずひと》親王（光《こう》厳《ごん》天皇、北朝初代）が誕生したのは正和《しょうわ》二年（一三一三）のことだが、花園天皇は、自身の甥にあたる量仁親王を、一貫して後援し続けたのである。

先述したように、文保二年に花園天皇が譲位したのち、後醍醐天皇の皇太子となったのは邦良親王であり、量仁親王の立太子と即位は、なかなか実現しなかった。その実現のため、花園院は、後伏見院とともに、幕府への運動を積極的に行っている。

花園院は、量仁親王の学問の師でもあった。元応《げんおう》元年（一三一九）、七歳になった量仁親王は、読書始《とくしょはじめ》の儀式を行い、漢文や儒学《じゅがく》の勉学を始めたが、実父である後伏見院の依頼を受けて、量仁の学習を取り仕切ったのは、花園院であった。学才に優れていた花園院は、正中《しょうちゅう》二年（一三二五）、量仁親王のために、自身の肝いりで学問所を設け、奉仕する番衆《ばんしゅう》を定めている。また、花園院は、天皇の心得を述べた「誡太子書《かいたいししょ》」を著したことでも知られるが、表題にある「太子」とは、皇太子量仁親王を指す。

こうした花園院への恩義に対して、量仁親王は、院政を行っていた貞和《じょうわ》四年（正平《しょうへい》三、一三四八）、花園院の皇子直仁《なおひと》親王を、皇太子に立てた。一見すると、花園院に大いに報いる人事と思えるが、実は、これにはとんでもない裏の事情があった。それについてはエピローグで述べよう。

大覚寺統の内部分裂

統を挙げての協力体制を敷いた持明院統とは対照的に、さらなる内部分裂を繰り返したのが、大覚寺統である。

そのきっかけは、後二条天皇在位中の嘉元《かげん》元年（一三〇三）、亀山《かめやま》院に新たに皇子が誕生したことにあった。皇子の名は恒明《つねあき》親王、母は西園寺実兼《さいおんじさねかね》の娘西園寺瑛子（昭訓門院《しょうくんもん》）である。老いてからの子の可愛さはひとしおだといわれるが、それにしても、もはや皇位が孫の後二条天皇の世代まで下っているにもかかわらず、それを巻き戻して、次の大覚寺統の皇位継承者に恒明親王を据えようというのは、政治的には暴挙としか評しようがない。

後宇多《ごうだ》院にとって、異母弟である恒明親王の即位は、自身の子孫が嫡流から傍流へと転落することを意味し、およそ承服しかねるものであった。しかし、家長権が確立されている当時において、大覚寺統の家長である父亀山院の意向に、正面切ってたてつくことは難しい。後宇多院としては、当面は亀山院の意向に従うよりなかった。

事態が動いたのは嘉元三年（一三〇五）、亀山院の死去によってである。これを機に、後宇多院は、父の遺志を反古にしてしまう。無用の混乱を避けるためには最善の処置であったが、それでも、事態はすんなりとは収まらなかった。恒明親王の皇位継承を目指した瑛子が、こともあろうに、持明院統と手を結んだからである。

「敵の敵は味方」という論理以上に、持明院統には、瑛子・恒明親王母子と連携する、具体的なメリットがあった。恒明親王の皇位継承を具体化する方策は、恒明親王を皇太子とすることである。それを実現するためには、皇太子の座を空けるため、大覚寺統の後二条天皇に譲位させ、持明院統の皇太子富仁《とみひと》親王を即位させる必要があるため、結果的に富仁親王の即位が実現するというわけである。

結局、恒明親王と持明院統の連携は功を奏さず、恒明親王の立太子は実現しなかったが、皇統の交代は、思わぬ事態によってもたらされた。延慶《えんきょう》元年（一三〇八）、後二条天皇が、二四歳の若さで急逝したのである。これにともない、富仁親王（花園天皇）の即位が行われたが、次の皇太子とされたのこそ、後宇多院の皇子で後二条天皇の異母弟である、尊治親王（後醍醐天皇）であった。

なお、後継ぎ争いで後宇多院・尊治親王に敗れた恒明親王は、亀山院から譲られた多数の荘園の相続についても、後宇多院からの横やりに遭い、安楽寿院《あんらくじゅいん》領のみを相続するにとどまった。その後は政治の表舞台に登場することもなく、南北朝内乱のさなかの観応《かんのう》二年（正平《しょうへい》六、一三五一）、四九歳でひっそりとこの世を去っている。

皇位を巡る三つ巴の争い

さて、皇太子となった後醍醐天皇が文保二年（一三一八）に即位したこと、その皇太子となったのが後二条天皇の皇子邦良親王であったことについては、すでに触れた。邦良親王が存在するにもかかわらず、後醍醐天皇が皇太子に立てられた理由は、邦良親王が病弱であったためと伝えられている。

つまり、後醍醐天皇の立場は、邦良親王が無事に成長するまでの中継ぎであったということだ。中継ぎを立てたことにより、結果的に、大覚寺統は天皇と皇太子をともに手中に収めることができたわけであるから、後宇多院としては万々歳のはずである。だが、これがさらなるトラブルの種となったのだから、世の中というのはわからない。

問題の原因は、後醍醐天皇が、邦良親王への譲位を、頑として拒んだことにあった。その後醍醐天皇に、父として家長権を行使しうる存在であるはずの後宇多院は、後二条天皇に先立たれたことにショックを受けていたこともあり、元亨《げんこう》元年（一三二一）には政務を後醍醐天皇に譲って引退してしまっていた。後宇多院が正中元年（一三二四）に亡くなると、後醍醐天皇の行動を掣肘しうる者は、大覚寺統には存在しなくなったのである。

こうした状況下で、庇護者をなくした邦良親王が頼れるものは、鎌倉幕府しかなかった。後宇多院が亡くなった正中元年以後、譲位の実現を願い出る邦良の使者が、たびたび鎌倉に派遣されている。これに対抗し、後醍醐天皇の勅使が鎌倉へと向かう様子こそ、花園院が「競馬」と評したものであった。とはいえ、持明院統が高みの見物を決め込めるわけもなく、譲位を実現させ、それによって空く皇太子の座に量仁親王を着かせるべく、同じく鎌倉へと使者を走らせている。

嘉暦《かりゃく》元年（一三二六）、邦良親王は即位することなく、二七歳でこの世を去った。後宇多院の心配は結果的に的中したといえなくないが、邦良親王の死によって、皇位を巡る争いが解決したわけではない。持明院統は新たに皇太子となった量仁親王の即位を求め、後醍醐天皇がそれを拒絶し続けたからである。

異端の帝王、後醍醐天皇

後醍醐天皇にとって、皇位を譲る相手が邦良親王か量仁親王かという違いは、さしたる問題ではなかった。邦良親王も量仁親王も自身の子でない以上、譲位した時点で自分が政務を行えなくなるという点では同じであったからだ。自身の執政を維持するため、後醍醐天皇は、何があろうとも、皇位を手放すつもりはなかった。

安達泰盛の弘安徳政と呼応した政務を行った亀山院、院評定制を通じて積極的に聴断《ちょうだん》（訴訟処理）を行った伏見《ふしみ》院など、鎌倉時代後期の朝廷にあっても、政務に積極的に取り組んだ院がいなかったわけではない。むしろ、為政者としての姿勢についていえば、院政期の専制的な院に比して、よほど公正たろうと志していたといっていい。

そうした院たちであっても、両統迭立の状況下にあっては、鎌倉幕府の意向一つで、政務の中断を受け入れざるをえなかった。拒絶をしようにも、承久の乱で後鳥羽院が敗れたことにより、院の武力がまったくといっていいほど失われてしまった以上、幕府の意向には逆らいようがないのである。

両統の誰もが、幕府の支持によって朝廷の主導権を握ろうと汲々としていた中で、ただ一人、幕府を倒して権力を維持しようとしたのが、後醍醐天皇であった。その点において、後醍醐天皇が特異な存在であったことは間違いない。

図12　後醍醐天皇（大徳寺所蔵）

後醍醐天皇の討幕運動その一、正中の変

とはいえ、勇気と無謀とは紙一重の差である。冷静に考えれば、徒手空拳の後醍醐天皇の試みが成功する可能性は、低いといわざるをえない。事実、後醍醐天皇による討幕計画は、二度にわたって失敗している。

一度目は、正中《しょうちゅう》元年（一三二四）。年号を冠して正中の変と呼ばれるこの事件の、直接のきっかけは、譲位の実現を求める皇太子邦良親王の使いが、鎌倉に派遣されたことにあった。使者が派遣されたのが八月二六日、討幕の企てが発覚したのは、九月一九日であった。予定では、挙兵は九月二三日、北野天満宮《きたのてんまんぐう》の祭礼で毎度起こるケンカを鎮めるため、六波羅の武士たちが駆り出された隙に、六波羅探題常葉範貞《ときわのりさだ》を誅殺する、という計画であったらしい。

事件の顚末としては、実働兵力とされていた美濃国の武士土岐頼有・多治見国長らが、六波羅探題の派遣した武士たちにより討たれ、後醍醐天皇の側近として頼有たちを組織した権中納言日野資朝は、佐渡国に流罪とされた。後醍醐天皇本人については、資朝が一身に責任を負ったこともあってか、お咎めなしとされている。

なお、この時、後醍醐天皇は、幕府に対して弁明の勅書《ちょくしょ》を下しているが、その内容は、「幕府の野蛮人が天下を治めるのはあってはならないことであり、天皇の謀反などと称してはならない」などという、高圧的なものであったらしい。これを伝え聞いた花園院は、「この内容が事実であれば、後醍醐天皇もその臣下もみな狂人なのか」と評している。

この時、幕府が後醍醐天皇に譲位させ、邦良親王の即位と量仁親王の立太子を行っておけば、後醍醐天皇という異分子は排除され、両統迭立という政治秩序は今少し維持されたかもしれない。そうなれば、幕府の寿命も延命されていたかもしれないが、結局、後醍醐天皇がそのままで済まされたのは、先述の通り、この時の幕府にそれだけの決断力が備わっていなかったからであろう。そもそも、臣下が天皇を廃位する手続きというものは存在しないので、この場合は後醍醐天皇に圧力をかけて自発的譲位に追い込むしかない（承久の乱の仲恭天皇の場合は、幼少のため、周囲が鎌倉幕府の意向を受けて実行したものと思われる）。天皇に譲位させるという強硬策は、やはり、それ相応の指導者が存在しなければ、実行できないのである。

後醍醐天皇の討幕運動その二、元弘の変

結局、後醍醐天皇の治世は、元弘《げんこう》元年（一三三一）まで、一三年に及んだ。元弘元年八月、後醍醐天皇は、ついに討幕の兵を挙げる。これが元弘の変である。

挙兵に踏み切ったとはいえ、後醍醐天皇に勝算があったわけではなく、討幕の企ての噂を糾明するための使者が、鎌倉から軍勢とともに派遣されてきたため、見切り発車で挙兵せざるをえなくなったのである。京を出た後醍醐天皇は笠置山《かさぎやま》に立てこもったが、衆寡敵せず、翌月に笠置山は攻略され、捕えられた後醍醐天皇は、翌正慶《しょうきょう》元年（元弘二、一三三二）三月、隠岐国へと配流された。

鎌倉幕府は、後醍醐天皇を捕える前に、すでに持明院統の皇太子量仁親王を即位させていた。これが光厳天皇（北朝初代）である。

問題は、光厳天皇の皇太子の人選であった。幕府が皇太子として指名した康仁《やすひと》親王は、かつて皇太子のまま即位することなく亡くなった、大覚寺統の邦良親王の子である。持明院統と大覚寺統の双方を皇統として存続させるという幕府の方針は、元弘の変の後も変わらなかったのだ。というよりも、それは両統にとっても同様であり、ただ一人、後醍醐院だけが、そうした考えを共有しない異端者だったといっていい。そのことは、正慶二年(元弘三、一三三三)に六波羅探題が足利尊氏《あしかがたかうじ》の裏切りに遭って京都を逃れた際、持明院統の後伏見院・花園院・光厳天皇だけでなく、大覚寺統の皇太子康仁親王も同行していることに、明確に現れている。

反幕府勢力の糾合と後醍醐天皇

二度の失敗にもかかわらず、不屈の人・後醍醐天皇は、討幕をあきらめなかった。紀伊国に逃れて活動した皇子護良《もりよし》親王をはじめ、河内国の楠木正成《くすのきまさしげ》、播磨国の赤松則村《あかまつのりむら》といった、畿内周辺の反幕府勢力の活動に呼応し、正慶二年閏二月に隠岐国を脱出、伯耆国の船上山に拠って挙兵したのである。

楠木正成が「悪党」と称される存在であったことは、よく知られている。悪党というのは、本来は、鎌倉幕府が強盗などの重犯罪者を指す語として用いていたが、幕府が介入することができない本所一円地《ほんじょいちえんち》において、荘園領主が敵対者を追捕するために幕府の介入を要請する際、敵対者を「悪党」と称した（近藤二〇一六）。それゆえ、悪党と呼ばれる者たちに共通する性質があるわけではなく、その出自もさまざまだが、鎌倉時代後期になると、こうした荘園制の枠からはじき出された存在が多数出現したことは確かである。

楠木正成と赤松則村が、実は則村の息子が荘官を務める長洲御厨《ながすのみくりや》の悪党を通じて連携していた可能性が、近年指摘されているが（熊谷二〇〇七）、彼らのつながりのみで、鎌倉幕府の打倒が成ることはなかった。彼らの連携が実現し、さらなる求心力を持つためには、護良親王の令旨《りょうじ》、ひいては、後醍醐天皇という「仰ぐべき旗」の存在が必要だったのである。

鎌倉幕府倒壊

とはいえ、後醍醐天皇方の反幕府勢力も、いまだ、鎌倉幕府の軍事力を凌駕するには至ってはいなかった。戦線は京都近郊で膠着し、六波羅探題の率いる幕府軍と、山崎・八幡に陣取った反幕府軍との戦闘が続いた。

戦況を一変させたのは、足利尊氏の寝返りである。尊氏は、名越高家《なごえたかいえ》と並んで、鎌倉から派遣された援軍の大将であったが、山崎・八幡を攻める幕府軍の戦線から離脱し、丹波国篠村八幡宮《しのむらはちまんぐう》で、討幕に踏み切ったのであった。

尊氏の参加によって圧倒的優位に立った反幕府軍の侵攻を受け、防戦不能となった幕府軍は、五月七日に京都を捨てて鎌倉に落ち延びようとするも、二日後に近江国番場《ばんば》宿で前途を塞がれ、六波羅探題北方の北条仲時《ほうじようなかとき》以下の主従は、みな切腹して果てた。先述したように、六波羅探題に同行していた、持明院統の後伏見院・花園院・光厳天皇、大覚寺統の皇太子康仁親王も、後醍醐天皇方の軍勢によって京都へと送還されている。

関東でも、新田義貞《にったよしさだ》が五月八日に上野国生品神社《いくしなじんじや》で挙兵したのを皮切りに、討幕の動きが一気に広がった。雪だるま式に膨れ上がった義貞軍は鎌倉に進撃、五日間の激闘ののち、五月二二日、得宗北条高時《たかとき》以下、多数の北条氏一門・被官が自刃し、幕府は滅亡する。その滅亡の有様は、しばしば「倒壊」と評されるが、まさに、巨木が瞬く間に倒れる様子を思わせる、急激な滅亡であった。

後醍醐天皇の復位と恒良親王の立太子

幕府の滅亡を受けて、正慶二年（元弘三、一三三三）六月に京に帰った後醍醐天皇は、元弘の変で幕府の取った措置を否定する処置を行った。すなわち、一度譲位した天皇が再度即位する「重祚《ちようそ》」ではなく、単に長く都を離れていた天皇が都に帰還するという体裁を取ったのである。年号も、元弘の変後に改元された「正慶」から、もとの「元弘」に戻され、康仁親王の立太子をはじめ、公卿たちの人事も、すべて無効とされた。

光厳天皇の即位も否定されたものの、光厳天皇の立太子は元弘の変以前のことであったので、後醍醐天皇は、光厳天皇が皇太子から降りるのと引き換えに、太上天皇の尊号を贈るという形を取った。即位せずに皇太子を辞退した先例は、摂関期の敦明《あつあきら》親王の例があるが、この時には、「准太上天皇」として院号のみが贈られている（小一条《こいちじょう》院）。即位していない親王に太上天皇の尊号を贈った事例としては、息子の後堀河《ごほりかわ》天皇が即位したために、皇位を経ずに院政を行った守貞《もりさだ》親王（後高倉《ごたかくら》院）の例があり、光厳《こうごん》院の例は、これに共通する処遇といえる。

そして、翌建武《けんむ》元年（一三三四）正月、後醍醐天皇は恒良《つねよし》親王を皇太子に立てる。恒良親王は、後醍醐天皇の皇子の中で必ずしも年長ではなかったが、寵姫阿野廉子《あのれんし》（新待賢門《しんたいけんもん》院）との間に生まれた皇子の中では最年長であったことから、皇太子とされたのであった。

後醍醐天皇としては、自らの意志によって皇位継承者を定め、ついに念願を果たしたこととなる。これにより、皇統は大覚寺統に統一され、後醍醐天皇の権力は盤石となったはずであった。ところが、周知の通り、こうして始まった後醍醐天皇による建武の新政は、現実にはわずか二年あまりで失敗に終わる。皇統は再度二つに分裂し、持明院統の北朝と大覚寺統の南朝とが並立することとなるが、次章では、南北朝並立がその後の皇位継承のあり方に与えた影響について述べよう。

南北朝内乱と皇位継承

南北朝内乱の勃発

建武の新政の破たん

後醍醐《ごだいご》天皇による建武《けんむ》の新政の特徴を一言で表すと、天皇絶対主義ということになる。たとえば、後醍醐天皇は、武士を含むすべての荘園領主を対象に、この時点での実効支配者の領有を認める当知行安堵《ちぎょうあんど》を、綸旨《りんじ》（天皇の命令文書）によって一括して行っている。悪党問題に見られるように、鎌倉時代後期、荘園領有をめぐる紛争の多発は、社会的な大問題となっていた。この問題に対し、後醍醐天皇は、個々の荘園の領有の正当性の問題を棚上げし、現状の荘園領有を起点とすることで、紛争を根本的にリセットしようとしたのである。

だが、現実には、こうした後醍醐天皇の方針は荘園領主に受け入れられず、個々の荘園の安堵を求める申請が、新設された訴訟処理機関である雑訴決断所《ざっそけつだんしょ》に殺到した。結局、雑訴決断所は持ち込まれた案件を処理しきれずに機能不全に陥り、後醍醐天皇は、個別の安堵を認める綸旨を濫発せざるをえない状況に追い込まれた（桃崎二〇一四）。このように、天皇絶対主義を具体化した施策は、現実の状況とかい離したものが多く、建武の新政は破たんをきたしたのであった。

二つの独立行政区と二人の皇子

ところで、建武の新政の下では、雑訴決断所が直接管轄しなかった二つの地域が存在した。陸奥守北畠顕家《きたばたけあきいえ》が訴訟の裁許を行った奥州（陸奥・出羽・下野）と、相模守足利直義《あしかがただよし》が雑訴決断所の下部機関として訴訟案件の調査などを行った関東一〇か国（坂東八か国＋伊豆・駿河）である。

彼らの政務機関は、それぞれ「奥州府」「鎌倉府」とでも呼ぶべきものであるが、重要な点は、その名目上の責任者として、後醍醐天皇の二人の皇子が、それぞれ奉じられていることである。顕家によって奥州府に奉じられたのは義良《のりよし》親王（のち憲良と改名カ）、直義によって鎌倉府に奉じられたのは成良《なりよし》親王であった。

成良親王は尊氏に養育されていたと伝えられるが

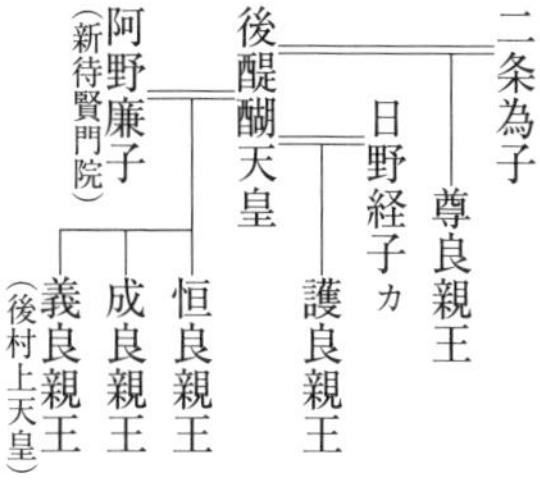

図13　後醍醐天皇のおもな皇子

（『保暦間記《ほうりやくかんき》』）、鎌倉下向の直前に親王宣下《しんのうせんげ》を受けており、直義はその執権とされている。顕家の場合も、自身が鎮守府《ちんじゅふ》将軍に任じられる一方、命令文書は義良親王の令旨《りょうじ》を奉じる形式で出されている。成良親王・義良親王は、いわば、東北・関東における後醍醐天皇の分身としての役割を果たしていたといっていい。

前章で述べたように、後醍醐天皇の皇太子には恒良《つねよし》親王がすでに立てられていたが、恒良親王は、後醍醐天皇と阿野廉子《あのれんし》との間に生まれた男子の中では第一子にあたり、成良親王が第二子、義良親王は第三子であった。後醍醐天皇が廉子との間に生まれた皇子たちを特別視していたことが、ここから明白にうかがえよう。こののち、皇位継承をめぐって、彼ら三人の皇子たちは数奇な運命をたどることとなる。

一方で、討幕の功労者であった護良《もりよし》親王（母は日野経子か）は、新政当初こそ征夷大将軍に任じられたものの、足利尊氏との対立の中で後醍醐天皇から見捨てられ、建武元年（一三三四）一〇月に、謀反の嫌疑で捕えられている。

中先代の乱

建武の新政が崩壊した直接のきっかけは、建武二年（一三三五）に起こった中先代《なかせんだい》の乱であった。「中先代」とは乱を主導した北条時行《ほうじょうときゆき》（鎌倉幕府最後の得宗《とくそう》である北条高時《たかとき》の子）のことで、「先代」＝鎌倉幕府の北条氏と、「後代」＝室町幕府の足利氏との間に位置する先代という意味である。この年七月、時行が信濃で挙兵し、旧幕府勢力を糾合して鎌倉に進撃すると、足利直義は鎌倉を放棄し、成良親王を連れて三河国へと逃れた。一方、身柄を直義に預けられていた護良親王は、直義の独断で斬首されている。

とはいえ、足利尊氏が京都から派遣されたことにより、乱自体は八月に鎮定されている。問題は、むしろ尊氏の処遇にあった。建武の新政の開始直後、尊氏は鎮守府将軍に任じられていたが、派遣に際し、尊氏は、さらに征夷大将軍・惣追捕使《そうついぶし》への任官を望んだのである。その任官の意味するところは、尊氏の下における幕府の復活にほかならない。すでに帰京していた成良親王を征夷大将軍に任じていた後醍醐天皇は、尊氏の要求を容れなかった。

後醍醐天皇との折り合いがつかないまま、尊氏は見切り発車で鎮圧に向かった。これに対し、後醍醐天皇は、尊氏を征東将軍に任じ、尊氏の行動を追認したが、両者の決裂は、もはや不可避となっていた。乱の鎮定後、尊氏は鎌倉に留まって独自に論功行賞を行ったが、後醍醐天皇は尊氏の行動を謀反とみなし、尊良《たかよし》親王（後醍醐天皇の皇子、母二条為子）・新田義貞に、追討を命じたのである。

足利尊氏は、いったんは新田義貞を撃破し、建武三年（延元《えんげん》元、一三三六）正月に上洛したものの、尊氏を追尾して奥州より遠路上洛してきた北畠顕家軍の加勢を得た後醍醐天皇方に敗れ、九州に逃れた。その途上で問題となったのは、後醍醐天皇に対抗する上での政治的正当性を、いかに確保するかである。

足利尊氏による持明院統擁立

かつて鎌倉下向の際に足利直義が擁していた成良親王には、不都合が存在した。成良親王にとって、父である後醍醐天皇に弓引くことは、不孝のそしりを免れないからである。これでは、肝心の政治的正当性の点で、大きく傷がついてしまう。

この時点で、後醍醐天皇と対等の政治的位置に立ちうる存在は、持明院統《じみょういんとう》以外には存在しなかった。かくして、尊氏側からのアプローチにより、尊氏と持明院統との間で、交渉が始まったのである。

付言すると、この時点の尊氏に限らず、皇統外の権力者が、自ら天皇として即位するという選択肢は、基本的にありえない。天皇の正統性を保証するものは血統であり、当時の状況に即して具体的にいえば、後嵯峨《ごさが》天皇の男系子孫以外に、天皇たりえる候補者は存在しなかったのである。足利尊氏は、もちろん清和《せいわ》天皇（陽成《ようぜい》天皇の子孫とする説も有力）の男系子孫ではあるが、はるか四〇〇年前に源の姓を授けられて臣下とされており、現実に存在する皇統を差し置いて即位するというのは、不可能であった。この点は、天命が革《あらた》まることによって王朝が交代するという易姓革命の思想によって、王朝交代の正当性が保障されていた、中国との大きな違いである。

建武の新政下の持明院統

建武の新政の下で、持明院統はどのような処遇を受けていたのだろうか。前章で、持明院統の光厳《こうごん》天皇が、即位そのものを取り消され、前皇太子として太上天皇の尊号を受けたことはすでに述べた。さらに、正慶《しょうきょう》二年（元弘三、一三三三）の鎌倉幕府滅亡直後に後伏見《ごふしみ》院が、建武二年には花園《はなぞの》院が、それぞれ出家している。無論、白河《しらかわ》院のように、出家し法皇となっても実権を握り続けることは可能であるが、後伏見院・花園院の出家の場合は、実際に俗世から隠遁することを意味していた。彼らの出家は、眼前で行われた六波羅探題《ろくはらたんだい》一行の集団自殺の衝撃や、皇統が大《だい》覚寺統《かくじとう》へと移ったことへの失意が原因であったと考えられる。

出家に際し、後伏見院は実子の光厳《こうごん》院にも出家するよう勧めたが、光厳院はこれを拒んでいる。いまだ二一歳の青年であった光厳院は、政治活動を断念して出家する気にはなれなかったのであろう。そして、実質的な廃位からわずか二年後、足利尊氏の挙兵によって、光厳院に再登板のチャンスが訪れたのであった。

光厳院の変則的院政

足利尊氏による擁立の働きかけに対し、光厳院から院宣《いんぜん》がもたらされたのは、建武三年（延元元、一三三六）二月、九州に下向する途上の、備後国鞆《とも》でのことであった。以後、光厳院の院宣を大義名分に掲げ、大宰府《だざいふ》を根拠地に軍勢を集めた尊氏は、同年四月に再上洛戦を開始する。これを阻止しようとした新田義貞・楠木正成軍を五月二五日に打ち破った尊氏軍は入京を果たし、後醍醐天皇は延暦寺に逃れた。

京都を退去する際、後醍醐天皇は持明院統の花園院・光厳院らも同行させようとしたが、光厳院が途上で不予（体調不良）を称して渋った結果、尊氏軍が保護に成功した。次いで六月三日、光厳院は弟の豊仁親王を伴い、尊氏が陣を置いていた石清水八幡宮に臨幸する。そして、尊氏が六月一四日に入京すると、光厳院と豊仁親王は、尊氏に同行して東寺を御所としたのである。

後醍醐天皇方と尊氏方との戦闘は一〇月まで続いたが、その最中の八月一五日、豊仁親王は二条烏丸《からすまる》殿で即位した（光明《こうみょう》天皇、北朝二代）。この時、光明天皇は一六歳。母は西園寺寧子《ねいし》（広義門院《こうぎもんいん》）で、光厳院とは同母の兄弟であった。

この時、光厳院が復位しなかった理由は、直近の後醍醐天皇の先例を避けたものと思われる。すでに六月の石清水八幡宮臨幸に光明天皇をともなっていることから、皇位継承者の人選も光厳院の意向によるものと考えられるが、問題は、すでに光厳院自身の第一皇子である興仁《おきひと》親王（初名益仁《ますひと》、崇光《すこう》天皇、北朝三代）が建武元年に誕生しているにもかかわらず、弟の光明天皇を即位させていることである。

おそらく、戦乱の中で、わずか三歳の幼帝を擁立することの困難さを避けたのではないかと考えられるが、すでにたびたび述べてきたように、院政を行うためには、天皇の直系尊属であることが必須条件であった。この点をクリアするために、光厳院と光明天皇との間には、急遽養子関係が設定されている。実は、このことは、のちに足利義満が築き上げる絶大な権力の問題と深く関わるのだが、この点についてはエピローグで述べることとし、まずはさしあたり、大覚寺統と持明院統との争いの顚末を先に述べよう。

南北朝分裂

結局、四か月以上に及んだ後醍醐天皇方と足利尊氏方との合戦は、一〇月に後醍醐天皇が京都に還幸《かんこう》するという形で決着した。翌一一月、後醍醐天皇は三種の神器を引き渡し、太上天皇の尊号を贈られているから、実質的には後醍醐天皇の敗北であったといっていい。

ただし、同月に成良親王が皇太子とされていることから、尊氏は、擁立した持明院統に皇位を独占させるのではなく、鎌倉期と同様の両統迭立を目指したものと考えられる。尊氏としては、後醍醐天皇の皇子であっても、自身が養育した成良親王であれば、十分に影

図14　吉　野　山

響力を行使しえると踏んだのであろう。

だが、後醍醐天皇には、この和平を恒久的なものとする意図はさらさらなかった。還幸の際、引き渡した三種の神器は偽器であったとする『太平記《たいへいき》』の説は、偽器を準備するだけの時間的余裕があったとは思えず疑わしいが、新田義貞に付けて北陸に脱出させた皇太子恒良親王に譲位していたという点は、おそらく事実であったと考えられている。

そして、一二月には、後醍醐天皇自身が、幽閉されていた花山《かざん》院から脱出し、南下して大和国吉野へと入った。これにより、後醍醐天皇を擁する南朝と、光明天皇を擁する北朝とが、並立する事態となったのである。

なお、北陸に向かった恒良親王は、建武四年（延元二、一三三七）に立て籠もった越前国金ヶ崎城が陥落した際に捕えられている。また、後醍醐天皇の脱出の結果、成良親王は皇太子を廃され、二年後の暦応《りゃくおう》元年（延元三、一三三八）、光厳院の第一皇子である興仁《おきひと》親王が、新たに皇太子とされている。

その後の恒良親王・成良親王について、『太平記』は暦応元年に毒殺されたと伝えるが、成良親王は康永《こうえい》三年（興国《こうこく》五、一三四四）に没したことが中原師守《なかはらのもろもり》の日記『師守記』で明らかにされており、その信ぴょう性は疑わしい（森二〇〇七）。とはいえ、恒良親王のその後についての所伝はほかになく、成良親王も死没記事が『師守記』にあるのみであるように、両者のその後の事績は、杳《よう》として知れない。おそらく、二人とも政治の表舞台から姿を消し、ひっそりと生きたものと思われる。

結局、暦応二年（延元四、一三三九）に後醍醐天皇が死去すると、南朝を継いで天皇となったのは、義良親王であった（後村上《ごむらかみ》天皇、九七代）。前年の暦応元年、義良親王は、北畠顕家に擁され奥州より上洛を目指したものの、果たせなかった。顕家の戦死後、義良親王は伊勢国大湊《おおみなと》より海路にて奥州への再下向を目指したが、遠州灘で暴風雨に遭って吹き戻され、吉野に帰還したのち、後醍醐天皇の跡を継ぐこととなったのである。

南北朝合一と皇位継承

内乱の長期化

こうして、皇位継承のあり方は、大覚寺統と持明院統が交互に即位した両統迭立の段階から、大覚寺統の南朝と持明院統の北朝が並立する南北朝の段階へと移行した。とはいえ、双方の軍事力を比較した場合、特に暦応《りやくおう》元年（延元《えんげん》三、一三三八）に北畠顕家・新田義貞が相次いで討ち死にしたのちは、北朝が圧倒的に優位であった。

にもかかわらず、南北朝の争乱が五〇年以上にわたって継続した理由は、ひとえに室町幕府内部の内紛にあった。この内紛は、成立時の幕府の体制に起因している。

足利尊氏が北朝から征夷大将軍に任じられたのは暦応元年のことだが、それに先立つ建《けん》武《む》三年（延元元、一三三六）、尊氏は建武式目を制定し、すでに幕府政治を実質的に復活させていた。その具体的な体制は、将軍尊氏は恩賞の給付や守護の任命を行う一方、軍勢の動員・所領の安堵・訴訟への裁許などの実務の多くは、弟の直義《ただよし》が行うというものであった（亀田二〇一六）。そして、尊氏・直義の執事として、恩賞の給付を取り仕切るなどの重役を担っていたのが、高師直《こうのもろなお》である。

「両雄並び立たず」という言葉があるが、直義と師直の場合も、多分に漏れず、恩賞給付の際の権限などをめぐって、争いが生じることとなった。加えて、元徳《げんとく》二年（一三三〇）に誕生していた尊氏の嫡子義詮《よしあきら》が成長する一方、庶子の直冬《ただふゆ》が直義の養子とされ、さらに、貞和《じょうわ》三年（正平《しょうへい》二、一三四七）直義に嫡子如意丸が誕生したことにより、幕府の継承をめぐる後継者問題も、この争いに拍車をかけることとなったのである。

観応の擾乱

足利直義と高師直との間の争いは、実際に軍事衝突が発生した時の北朝の年号を取って、観応《かんのう》の擾乱《じょうらん》と称される。そのきっかけとなったのは、南朝の軍事行動であった。

南北朝の戦乱における最重要地域は、言うまでもなく、京都と吉野の含まれる畿内であるが、実は、暦応元年の北畠顕家の戦死以降、一〇年の長きにわたって、畿内では大規模な軍事衝突は生じていなかった。

こうした畿内の戦局が大きく動いたのは、貞和三年、楠木正成の遺児楠木正行《まさつら》の軍事行動が活発化したことによってである。これに対し、北朝では、まず、直義が細川顕氏《ほそかわあきうじ》・畠山国清《はたけやまくにきよ》・山名時氏《やまなときうじ》らに迎撃を命じたが、同年九月の藤井寺合戦、一一月の住吉合戦で、彼らは相次いで正行に敗れた。

これを受けて、改めて対正行戦に起用されたのが、高師直・師泰兄弟である。翌貞和四年（正平三、一三四八）正月、四条畷《しじようなわて》の合戦で、師直は数で劣る正行軍の撃滅に成功し、正行を自害に追い込んだ。勝ちに乗じた師直は、余勢を駆って南朝の本拠地吉野を攻撃し壊滅させたため、後村上《ごむらかみ》天皇は、さらに山奥の賀名生《あのう》へと逃れている。

その後、師直は京都に帰還したものの、師泰は、引き続き、河内国で南朝方との戦闘を繰り広げていた。これに対し、直義派が巻き返しを図って行ったのが、直冬の紀伊国派遣である。

紀伊国は、かつて鎌倉幕府打倒を目指す護良《もりよし》親王の軍事行動の拠点となった地域であり、南北朝の争乱が始まってからは、南朝の重要な活動基盤となっていた。その紀伊国で、直冬は八月から九月にかけて軍事行動を行い、阿瀬河《あぜかわ》城を攻略するなど、一定の戦果を挙げている。

翌貞和五年（正平四、一三四九）四月、直冬は長門探題《ながとたんだい》に任じられ、九州戦線の後詰を務めることとなった。ところが、その矢先の同年閏六月、直義と師直の確執が表面化し、両者が自派の軍勢を京都に集めたため、騒乱が生じたのである。八月に尊氏の仲裁で事態は表面的には収拾されたが、流罪とされた直義の側近上杉重能《うえすぎしげよし》・畠山直宗《はたけやまただむね》が、配流先の越前国で殺害されたのを皮切りに、九月には直冬への追討命令が下され、直義も官職を辞して失脚、一〇月には義詮が鎌倉から上洛し、尊氏を補佐することとなった。

翌観応元年（正平五、一三五〇）一〇月、追っ手を逃れて九州へと逃亡した直冬を討伐するため、尊氏・師直は京都を出発したが、直義はこの隙に京都を脱出して挙兵し、事態は、ついに尊氏・直義の軍事衝突に至った。翌観応二年（正平六、一三五一）二月、打出《うちで》浜《はま》の戦いで直義が勝利し、師直は処刑されたが、七月に今度は尊氏・義詮が播磨・近江国に出陣したため、挟撃されるのを恐れた直義は京都より逃亡し、復権は一時的なものに終わった。直義を追撃した尊氏は、翌文和《ぶんな》元年（正平七、一三五二）正月に鎌倉で直義を降し、翌二月に直義が死去したことによって、擾乱は終わりを告げたのである。

不調に終わった和平交渉

以上、観応の擾乱についての説明がやや長くなったが、本書のテーマとの関わりで重要なのは、擾乱が南北朝の並立に及ぼした影響である。

擾乱の中で、足利尊氏・直義は、戦局を有利にするため、双方ともに南朝に接触している。「敵の敵は味方」という論理だが、結果的に、南朝は漁夫の利を得ることとなった。

先に南朝と接触したのは、幕府を離脱し北朝に弓を引く立場となった直義である。観応元年一一月、京都脱出直後に南朝への帰順を申し入れた直義に対し、南朝は翌一二月にこれを受け入れた。大和・河内など、南朝の勢力が強い国々で挙兵した直義にとって、南朝の支持は重要な意味を持っており、翌年二月に行われた打出浜の戦いにおける直義の勝利にも、南朝の支持が大きく寄与したと考えられる。

打出浜の戦いでの勝利後、政務に復帰した直義は、南朝との和平交渉を開始した。直義側の条件は、幕府の管理下での両統迭立であった。これは建武三年（延元元、一三三六）に後醍醐《ごだいご》天皇と尊氏との間で結ばれた和平の内容に沿ったものであり、後醍醐天皇が京都から吉野へと脱出する以前の状態に戻すという意思表示であって、和平として交渉を行う条件としては、これ以外に選択肢はないといっていい。

これに対し、南朝側の条件は、後村上天皇の下での天下一統であった。これは、いわば北朝に降伏を強いるものであり、妥協の余地のあるものではなかった。

結局、両者の主張は平行線をたどり、交渉は五月に打ち切られたが、和平交渉における南朝の実務担当者であった楠木正儀《くすのきまさのり》は、北畠親房《きたばたけちかふさ》の反対に遭って交渉が失敗に終わると、幕府側に付いて、吉野攻略の軍勢を派遣するよう求めたと伝えられている。これは現実とはならなかったが、その背景にあったのは、和平の成立を度外視した上層部の強硬姿勢に対する、正儀の不満であったと考えられる。

なお、和平交渉は、擾乱後の貞治《じょうじ》六年（正平二二、一三六七）にも行われている。この時、足利義詮に代替わりしていた室町幕府の出した条件も、両統迭立であったと思われるが、後村上天皇が北朝の降伏にこだわったため、交渉は失敗に終わった。この際にも交渉担当者であった正儀は、応安《おうあん》二年（正平二四、一三六九）ついに北朝に降伏、応安六年（文中《ぶんちゅう》二、一三七三）には、長慶《ちょうけい》天皇（九八代、後村上天皇は応安元年死去）が当時行宮《あんぐう》を置いていた河内国天野へと、幕府軍を引き入れている。

尊氏、南朝に降伏

足利直義による和平交渉が不調に終わったのち、直義が足利尊氏・義詮によって室町幕府から追われると、今度は尊氏と南朝との間で交渉が行われた。ここでも、南朝の出した条件は「元弘一統《げんこういっとう》」、すなわち、後醍醐天皇が鎌倉幕府を打倒し、大覚寺統のみを皇統とした元弘三年（正慶《しょうきょう》二、一三三三）の状態に戻し、尊氏による反後醍醐天皇挙兵をなかったことにする、というものであった。ところが、直義が蹴ったこの条件を、尊氏は飲み、南朝に降伏してしまったのである。

これによって、尊氏は対南朝・対直義の二正面作戦を避けることができたのであり、直義に対して勝利を収めることができたという点では、効果があったといえる。しかしながら、南朝の条件を丸呑みし降伏した尊氏の土下座外交は、政治的には大失策であった。なぜなら、南朝への降伏は、すなわち、自らの擁立した北朝の持明院統を切り捨てることにほかならなかったからである。

北朝では、貞和四年（正平三、一三四八）に光明《こうみょう》天皇が光厳《こうごん》院の皇子である崇光《すこう》天皇に譲位し、さらに、花園《はなぞの》院の皇子直仁《なおひと》親王が皇太子に立てられていた。ところが、尊氏の降伏を受けて、南朝は観応二年（正平六、一三五一）一一月に崇光天皇・皇太子直仁親王を廃し、一二月には、かつて後醍醐天皇から北朝へと引き渡された三種の神器を接収した。さらに、翌文和元年（正平七、一三五二）閏二月、南朝軍は尊氏の留守を預かっていた義詮の軍を破り、京都を占領したのである。

この時、南朝は関東でも蜂起し、鎌倉の占領に成功している。以上のような、尊氏の降伏から南朝による京都・鎌倉占領までの一連の動きは、南朝の年号を取って「正平一統《しょうへいいっとう》」と称される。

即座に反撃に転じた尊氏軍は、三月には京都・鎌倉を回復したが、被った政治的痛手は非常に大きかった。その最たるものは、光厳院・光明院・崇光院・廃太子直仁親王を、南朝の本拠地賀名生へと連行されてしまったことである。

掲げるべき旗を失った幕府は、崇光院の同母弟で、妙法院門跡《みょうほういんもんぜき》に入室して僧となる予定であった弥仁《いやひと》親王を天皇に立てた。これが後光厳《ごこうごん》天皇（北朝四代）であるが、天皇も院も不在の状況での即位は異例であり、八〇〇年以上前の五〇七年に群臣に推戴され即位したとされる、継体《けいたい》天皇の先例を持ち出さねばならないような状況であった。

また、この時点で後光厳天皇はいまだ一五歳の少年であり、親政は不可能であったが、父光厳院は賀名生に連行されて不在であるため、院政を行うこともできなかった。やむなく、幕府は、光厳院の母、すなわち、後光厳天皇の祖母である西園寺寧子《さいおんじねいし》（広義門院《こうぎもんいん》）に、院政の代行を要請している（今谷二〇〇〇）。

こうして、幕府はなんとか北朝の形式を整えたが、その体制は、きわめてぜい弱なものであった。軍事的にも、足利直冬をはじめとする直義派の残存勢力が南朝と結んだため、文和二年（正平八、一三五三）・文和三年（正平九、一三五四）の二度にわたって、後光厳天皇は京都を追われている。

相次ぐ室町幕府の内紛

とはいえ、これらの足利直冬の侵攻が撃退されたことで、戦況は再び北朝の優位へと向かった。斯波高経《しばたかつね》・吉良満貞《きらみつさだ》・大内弘世《おおうちひろよ》・山名時氏など、有力武将の帰参により、直冬党の軍事的脅威も、徐々に減じている。よく知られているように、九州では例外的に懐良《かねよし》親王率いる南朝の征西将軍府が勢力をふるったものの、それ以外の地域では、北朝の軍事的優勢が確立していったのである。

その後、延文《えんぶん》三年（正平一三、一三五八）に足利尊氏が死去しても、北朝の優位は動かなかった。尊氏の跡を継いだ足利義詮は、細川清氏《ほそかわきようじ》を執事に据え、南朝に対する攻勢に出た。延文四年（正平一四、一三五九）末から翌年にかけて、義詮は自ら摂津国尼崎《あまがさき》へと出陣し、南朝の勢力範囲である河内・和泉・紀伊国で、大規模な作戦行動を展開している。

ところが、こうした義詮の軍事行動は、またも幕府の内紛を引き起こす結果となった。まず、延文五年（正平一五、一三六〇）七月、伊勢国守護仁木義長《にっきよしなが》は、細川清氏らによって失脚に追い込まれ、翌康安《こうあん》元年（正平一六、一三六一）に南朝へと降っている。

さらに、同じく康安元年、今度は義詮と清氏との間に隙が生じ、京都を追われた清氏もまた、南朝へと降ったのである。これを機に、南朝軍は四度目の京都占領を果たしたものの、京都を維持しえた期間は、一月にも満たなかった。翌貞治元年（正平一七、一三六二）、清氏は四国へと逃れるが、いとこである細川頼之《よりゆき》の攻撃を受け、讃岐国白峰で敗死している。

このほか、義詮の命を受けて関東の軍勢を率いて上洛し、南朝攻撃の主力となっていた関東執事畠山国清も、延文五年に鎌倉に帰ったのち、他の関東の武士たちの排撃に遭い、翌康安元年に没落した。大きな軍功を挙げた人物の出現は、幕府内部の勢力バランスの変動を引き起こし、内紛を生じさせる原因となったのである。

また、直義・直冬・義長・清氏と、内紛によって幕府からはじき出された者たちは、いずれも南朝へと身を投じているが、『太平記』によると、国清もまた、南朝への降伏を図ったとされている。

そもそも、大多数の武士たちにとって、北朝か南朝かという選択は便宜的なものでしかなかったし、それは、当の北朝や南朝にとってもそうであった。中先代《なかせんだい》の乱を起こした北《ほう》条《じょう》時行《ときゆき》ですら、南北朝の分裂後は、かつての仇敵である後醍醐天皇の南朝に身を投じ、南朝もこれを受け入れているのである。こうした状況こそが、南北朝の並立が長きにわたって続いた要因であった。

足利義満の登場

その後、足利義詮は、南朝に対する積極的な対応に出られぬまま、貞治六年（正平二二、一三六七）に死去した。幕府が南朝への大規模な攻勢に出るのは、義詮の遺児義満《よしみつ》の代となってからである。もっとも、義満は義詮の跡を継いだ時点でわずか一〇歳であり、実際に幕府の政務を行ったのは、義詮から後事を託された管領細川頼之であった。

南朝に対する軍事的優位にもかかわらず、室町幕府による南朝への攻撃は、遅々として進まなかった。応安四年（建徳二、一三七一）、頼之は養子の頼元（異母弟）を中心とした軍勢を河内国に派遣するが、従軍した武士たちのサボタージュに遭い、怒った頼之が管領を辞して出家しようとしている。次いで、翌応安六年（文中二、一三七三）には、先述のごとく、北朝に投降した楠木正儀の手引きによって、頼之のいとこ氏春を主将とする軍が、長慶天皇の行宮である天野に侵攻し、長慶天皇は吉野へと逃れているが、南朝を降伏させるには至らなかった。

そして永和《えいわ》四年（天授《てんじゅ》四、一三七八）、南朝方の橋本正督が紀伊国で攻勢に出たのに対し、頼之はまたも頼元を中心とする軍勢を派遣するが、いまだ戦闘が終息しない翌康暦《こうりゃく》元年（天授五、一三七九）二月、幕府内部で、頼之に対する不満が噴出する。斯波義将《しばよしまさ》を中心とする諸将が結託し、頼之の排除を策したのである。閏四月、頼之は四国へと引退し、義将が新たに管領となった。

この政変を康暦の政変と呼ぶが、これまでと異なり、頼之は没落後も南朝に投降することはなく、北朝の優位は揺るがなかった。また、このとき二二歳となっていた義満にとって、頼之の引退は、結果的に、政治的意思決定を自ら行うきっかけとなったのである。

有力守護の討伐と南北朝合一

明徳《めいとく》元年（元中《げんちゅう》七、一三九〇）、権力基盤の強化のため、有力守護の抑圧に手を付けた足利義満は、その手始めに、美濃国守護の土岐康行《ときやすゆき》を討伐した。翌明徳二年（元中八、一三九一）には、管領の斯波義将を辞任に追い込み、細川頼之・頼元（頼之の弟、養子）を京都に召還して、頼元を管領に任じている。そして、同年一二月には、義満の抑圧によって追い込まれた山名《やまな》氏清《うじきよ》・満幸《みつゆき》が挙兵するが、義満は京中での戦闘で二人を打ち破った（明徳《めいとく》の乱）。

当時、山名氏は、実に全国の六分の一にあたる一一か国もの守護に任じられていたが、この敗北の結果、義満に帰順した一部の者が、三か国を維持したにとどまった。守護として最大の勢力を誇った山名氏の勢力削減に成功したことによって、義満の権力は大きく強化されたのである。

明徳の乱を題材にした軍記物語である『明徳記』によると、氏清は、乱の先年に「事のついで」があった際、南朝から錦の御旗を授与されており、戦闘の際にこれを掲げることを検討している。氏清は和泉国の守護として対南朝の最前線にあったことから、何かの事情で南朝と接触したものと思われるが、実際に南朝軍が氏清と連動して動いた形跡はなく、南朝との連携は、現実にはほとんど意味を持たなかった。

とはいえ、義満の対立者にとって、南朝の存在が、義満に対抗するための大義名分となりえることは確かである。ここに至って、義満は南朝との関係に決着をつけるべく決断した。氏清の後任の和泉国守護となった大内義弘《おおうちよしひろ》を通じて、和平交渉が行われ、明徳三年（元中九、一三九二）、ついに南北朝合一が成ったのである。

これ以前、南朝では、対北朝強硬派の長慶天皇が永徳《えいとく》三年（弘和《こうわ》三、一三八三）に譲位し、弟で和平派の後亀山《ごかめやま》天皇（九九代）が即位していた。このことも、和平の成立に寄与している。一方、北朝では、後光厳天皇から子の後円融《ごえんゆう》天皇（北朝五代）を経て、孫の後《ご》小松《こまつ》天皇（一〇〇代）が、永徳二年（弘和二、一三八二）に即位していた。

偽りの和約

さて、問題は、南北朝がどのような条件で和平に合意したかである。現存する足利義満の請文《うけぶみ》によると、その条件は、①南朝は「御譲国の儀式」によって三種の神器を北朝に渡す、②今後は南北両朝が交互に即位する、③諸国の国衙《こくが》領《りょう》は南朝のものとし、長講堂領《ちょうこうどうりょう》は北朝のものとする、という三つであった。

このうち、最重要事項は、もちろん二点目、今後の皇位継承に関する条件である。この内容は、今後の皇位継承を、建武の新政以前の両統迭立に戻すということにほかならない。たびたび行われてきた和平交渉で、常に室町幕府側が提示してきたこの条件を、ついに南朝側は飲んだのである。

この条件が履行されていれば、後小松天皇の次は南朝から立てられるはずであるが、南北朝合一から二〇年後の応永《おうえい》一九年（一四一二）に現実に即位したのは、後小松天皇の皇子実仁《みひと》親王（初名躬仁《みひと》、称光《しょうこう》天皇、一〇一代）であった。以後、皇位は北朝によって独占され、南朝の皇胤が即位することはなかったのである。

称光天皇は後小松天皇の嫡男であるが、誕生は応永八年（一四〇一）であり、南北朝合一時に、後小松天皇にはまだ後継者が存在しなかった。にもかかわらず、南朝の皇胤を皇太子としなかったのであるから、義満には最初から両統迭立の条件を実行する意思はなかったのだと考えざるをえない。

とはいえ、北朝としても、和平の条件をあからさまに反故にすることはできなかった。称光天皇が、誕生から一一年間、即位はおろか立太子すらしていないことは、その現れである。条件が履行されないことにしびれを切らした後亀山院が、応永一七年（一四一〇）に京都から吉野へと出奔したことにより、北朝は条件を反故にする口実を得て、二年後に称光天皇の即位をようやく実現したのであった。

和平の意義

こうした経緯を見てきたとき、問題とするべき点は、なぜ、足利義満は、履行する意志のない条件を提示してまで、南朝との和平を望んだのかであろう。南北朝合一の時点で、北朝の軍事力は南朝のそれを圧倒しており、武力による統一も十分に可能であった。にもかかわらず、義満は、自らの側から働きかけ、和平の道を求めたのである。

この点について、義満の意図を記した史料は残っていないため、推測するよりほかにないが、義満の意図は、おそらく、和平によって内乱を収束させることにより、北朝の正統性を確保することにあったのではないかと思われる。

院政期以降、武力によって院政や皇位継承が改変された例として、治承《じしょう》三年政変（一一七九年）・承久《じょうきゅう》の乱（承久三年［一二二一］）・元弘の変（元弘元年［一三三一］）が挙げられるが、以仁王《もちひと》の令旨《りようじ》において治承三年政変が平氏打倒の根拠とされ、護良親王の令旨において承久の乱・元弘の変が北条氏打倒の根拠とされたように、武力による権力奪取は、対立者にとって、常に打倒の論拠たりえた。仮に南朝を武力によって制圧した場合、一時的に統一が果たされても、武力による権力奪取という批判の可能性は、潜在し続けることになったであろう。

現実には、和平によって統一がなされた結果、南北朝分立に起因する内乱は、もはや生じなかった。先述の如く、後亀山院が一時的に吉野に出奔したほか（応永二三年［一四一六］に帰京）、正長《しょうちょう》元年（一四二八）の後亀山院の皇孫小倉宮《おぐらのみや》を奉じた北畠満雅《みつまさ》の挙兵、嘉吉《かきつ》三年（一四四三）に小倉宮の後胤が後花園《ごはなぞの》天皇（一〇二代）の御所に乱入し、三種の神器の剣と神璽を奪取した禁闕《きんけつ》の変といった、後南朝《ごなんちょう》と称される活動が散発的に発生するが、あくまで限定的な影響を及ぼしたのみであった。

応仁《おうにん》元年（一四六七）に発生した応仁の乱では、小倉宮の後胤が西軍に一時的に迎え入れられているが、小倉宮後胤の擁立は乱発生から四年後の文明《ぶんめい》三年（一四七一）のことであり、しかも、乱終結以前に活動は確認できなくなる。西軍は北朝や室町幕府の打倒を目指したわけでもなく、小倉宮の後胤の擁立は、乱の付随的な要素に過ぎなかった。

南北朝合一からはるか後年のこととなるが、江戸時代に徳川光圀《とくがわみつくに》の命によって編纂された『大日本史《だいにほんし》』が南朝正統の立場をとり、明治時代の南北朝正閏論争においても、南朝が正統とされたことは、よく知られている。

現実に皇位についていたのは北朝の後胤であったにもかかわらず、南朝を正統として問題がなかった理由は、たとえ南朝が正統であっても、南北朝合一の結果、三種の神器が平和的に北朝に引き渡されたからにほかならない。『大日本史』の本紀《ほんぎ》（天皇ごとの事績を記したもの）が、南朝最後の天皇となった後亀山天皇に次いで、北朝の後小松天皇を置き、擱筆《かくひつ》していることは、端的にそれを示している。

かくして、南北朝分裂に起因する内乱は終結した。重要な点は、これ以後、皇位継承に起因する内乱そのものが消滅したことである。保元《ほうげん》の乱以降、皇位継承をめぐる問題をきっかけに、数多くの内乱が引き起こされてきたのに対して、これは大きな変化である。

その原因は、南北朝合一だけでなく、北朝内部の皇位継承のあり方にあった。エピローグでは、北朝内部での具体的な皇位継承過程について述べ、皇位継承と権力との関係についての議論の締めくくりとしたい。

権力から切り離された皇位継承――エピローグ

北朝での皇位継承がどのような経過をたどったのか、前章で簡単に触れた内容をおさらいしておこう。まず、北朝発足当初は、建武《けんむ》三年（延元《えんげん》元、一三三六）に光厳《こうごん》院の弟の光明《こうみょう》天皇が即位し、次いで、貞和《じょうわ》四年（正平《しょうへい》三、一三四八）に、光明天皇から光厳院の子の崇光《すこう》天皇へと、皇位が譲られた。さらに、崇光天皇の皇太子には、花園《はなぞの》院の子の直仁《なおひと》親王が立てられている。

光厳院政下の皇位継承

光厳院の子孫ではない直仁親王が皇太子とされた理由については、少し説明が必要だろう。実は、直仁親王は、花園院の子ではなく、光厳院の子であった。少なくとも、光厳院はそう信じていた。それが証拠に、いまだ崇光天皇が即位していない康永《こうえい》二年（興国《こうこく》四、一三四三）に、光厳院は、直仁親王は自身の皇子であること、崇光天皇の次は直仁親王を即位させ、皇位や長講堂領《ちょうこうどうりょう》は直仁とその子孫に継承させることを定めた、置文《おきぶみ》（遺言状）を作成している。

相次ぐ養子関係の設定

ただし、直仁親王が光厳院の子であることは公にはされておらず、公的にはあくまでも花園院の子とされていたことに注意する必要がある。このため、直仁親王が即位した場合、光厳院は直系尊属には当たらず、院政を行うことができない。

この問題を解決するため、直仁親王の立太子に際し、光厳院と直仁親王との間には、養子関係が設定された。同じ問題が生じていた光厳院と弟の光明天皇の場合も、同様に養子関係が設定されている。

この養子関係の設定という解決策自体は、鎌倉時代の持明院統内で、後伏見《ごふしみ》院と花園天皇、また、花園院と光厳天皇との間に養子関係が設定された事例と同様である。ただし、鎌倉時代の事例では、養子関係が養育の実態をともなっていたのに対し、光厳院と光明天皇・直仁親王との養子関係は、それぞれ即位・立太子に際して急きょ設定されたものであり、養育の実態をともなっていなかった。

図15　北朝関係系図

すなわち、南北朝期の皇位継承の際に設定された養子関係は、形式的なものに過ぎなかったということになる。たびたび述べてきたように、院政の原理は幼帝に対する直系尊属としての後見にあったが、南北朝期には、そうした後見の実質が薄れていたのである。

広義門院西園寺寧子の院政代行

ともあれ、北朝では、光厳院・崇光天皇・皇太子直仁という体制が確立し、光厳院による院政が行われたのであるが、これらをすべてひっくり返してしまったのが、観応《かんのう》二・文和《ぶんな》元年（正平六・七、一三五一・二）の正平一統《しょうへいいっとう》であった。前章ですでに述べたように、このとき、足利尊氏の降伏により京都を占領した南朝は、北朝の崇光天皇・皇太子直仁親王を廃し、光厳院・光明《こうみょう》院もろとも、当時の本拠地であった大和国賀名生《あのう》に連行したのである。

室町幕府は、短期間で京都を奪回することには成功したものの、擁立するべき院も天皇も不在となっていた。やむなく、出家して僧となる予定であった、光厳天皇の第三皇子である弥仁《いやひと》親王が新たに天皇として即位することとなったが（後光厳《ごこうごん》天皇）、そのための儀式を行おうにも、それを命じることが可能な院は不在であった。結果、実に八〇〇年以上も昔の継体《けいたい》天皇の先例が持ち出され、後光厳天皇は群臣の推挙を受ける形で皇位についたのである。

とはいえ、後光厳天皇はまだ一五歳であり、親政を行うわけにもいかない。院政を行うことが可能な男性の直系尊属が不在の状況で、室町幕府の要請により、後光厳天皇の祖母西園寺寧子《さいおんじねいし》（広義門院《こうぎもんいん》）が、院政を代行することとなった。実態のない養子関係による院政により、天皇の直系尊属であることという院政の要件は形骸化が進んでいたが、この院政の要件をまったく満たさない事態が、ついに出現したのである。

ちなみに、正平一統に際し、南朝は、後醍醐《ごだいご》天皇が建武三年の和平の際に差し出していた三種の神器も、偽器として接収している。このため、京都には三種の神器も不在であり、こうした「ないない尽くし」の状況で即位した後光厳天皇の権威は、非常に弱体なものであった。

崇光院の帰京と伏見宮家

一方、南朝にとっては、北朝が新たに後光厳天皇を擁立した以上、連行してきた院たちを抑留し続けても、もはや無意味である。文和三年（正平九、一三五四）に賀名生から河内国金剛寺《こんごうじ》に移されていた三院・直仁親王のうち、文和四年（正平一〇、一三五五）、光明院が一足先に帰京し、延文《えんぶん》二年（正平一二、一三五七）には、残る光厳院・崇光院・直仁親王も帰京を果たした。

抑留中に金剛寺で出家していた光厳院は、後光厳天皇の父であるにもかかわらず、もはや院政を行うことなく、禅僧として余生を送り、貞治《じょうじ》三年（正平一九、一三六四）に丹波国常照皇寺《じょうしょうこうじ》で亡くなっている。崇光院・直仁親王も、天皇・皇太子の地位を回復することはなかった。

とはいえ、これで北朝内の皇位継承問題は一件落着となったわけではない。後光厳天皇の次の皇位をめぐって、後光厳天皇と崇光院との間で争いが生じたからである。応安《おうあん》三年（建徳《けんとく》元、一三七〇）、後光厳天皇は、第一皇子である緒仁《おひと》親王に譲位したいとの意向を、幕府に伝えた。対する崇光院も、自身の第一皇子である栄仁《よしひと》親王を皇太子としたい旨を、幕府へと申し入れる。

当時、室町幕府では、将軍足利義満は一三歳と幼少であったため、管領の細川頼之が執政を代行していた。その頼之の下した決定は、「聖断たるべし」、すなわち、後光厳天皇の意向の通り、緒仁親王を即位させるということであった。こうして、翌応安四年（建徳二、一三七一）、緒仁親王の即位が実現する（後円融《ごえんゆう》天皇）。さらに、永徳《えいとく》二年（弘和《こうわ》二、一三八二）には、後円融天皇から息子の後小松《ごこまつ》天皇への譲位が実現している。

一方、崇光院の側では、皇統復帰の望みを断たれただけでなく、応永《おうえい》五年（一三九八）に崇光院が死去すると、崇光院が光厳院から相続していた長講堂領なども、大部分は後小松天皇（後円融天皇の子）へと伝領されている。しかしながら、邸宅である伏見殿《ふしみどの》をはじめ、持明院統が継承してきた日記や文書類といった財産は、崇光院の死後も、栄仁親王以下の子孫に受け継がれた。邸宅の名を取って伏見宮と称された崇光院の子孫は、その後も、皇位継承の機をうかがい続けたのである。

以上のように、正平一統以降、北朝での皇位継承を最終的に決定していたのは、室町幕府であった。

足利義満の公家化

北朝の室町幕府に対する依存は、皇位継承問題にとどまらず、儀礼の遂行や財源の調達にも及んでいた。その背景には、内乱の激化によって、北朝自身による財源の調達が困難になったことや、四度にわたって南朝が京都を占領したことにより、貴族たちが政治的な去就を明らかにすることにつながる北朝の儀礼への参加を忌避したことがあった。室町幕府の側も、南朝との内乱に勝利するため、重要な儀礼の財源供出や、儀礼への出資の奨励など、擁立する北朝の立て直しを積極的に推し進めた。

さらに、成人後の足利義満は、永和《えいわ》四年（天授《てんじゅ》四、一三七八）に権大納言《ごんのだいなごん》・右近衛大将《うこんえのだいしょう》となり、永徳元年（弘和元、一三八一）に内大臣《ないだいじん》に、永徳二年には左大臣に昇進するなど、自身の官職を急激に昇進させるとともに、自ら北朝の儀礼に参仕した。こうした義満の公家化の目的として、近年の研究では、足利家一門の守護に対し、嫡流の地位を明示することが指摘されている（松永二〇一三）。

重要な点は、義満の公家化にともなって、北朝の運営主体が義満となったことである。永徳二年の後円融天皇から後小松天皇への譲位の諸儀式は、関白二条良基《にじょうよしもと》との相談のもと、義満が事実上取り仕切り、後円融天皇はむしろサボタージュを決め込んでいた。譲位後の後円融院の院政も、院の執事別当となった義満との不和の影響で、最重要の政務である院評定が開催されないなど、ほぼ機能停止の状態にあった。

挙句、翌永徳三年（弘和三、一三八三）には、上臈局《じょうろうのつぼね》三条厳子（後小松天皇母）が義満と密通していると疑った後円融院が、厳子を殴打するという事件が起きている。結局、密通を否定する義満の誓紙《せいし》を後円融院が受け入れることで事件は収束するが、後円融院と義満との対立の中で、義満の威を恐れた貴族たちは後円融院の下に寄り付かず、後円融院の権威の失墜は明らかであった。これを機に、北朝での政務運営は、義満の下に行われることとなったのである。明徳《めいとく》三年（元中《げんちゅう》九、一三九二）の南北朝合一に際してさえ、義満が交渉内容について後円融院に諮った形跡は伺えない。

義満の院政代行

以上のような、院政の要件の形骸化、北朝の室町幕府への依存、足利義満の公家化と北朝執政という事態の行きついた結果が、義満による院政の代行であった。南北朝合一の翌明徳四年（一三九三）、後円融院が死去すると、義満は、自身に近侍した公家である武家伝奏《ぶけてんそう》を通じて、院と同様の朝廷運営を行うに至ったのである（富田一九八九）。翌応永元年（一三九四）、義満は太政大臣となった。

義満の政治構想については、中国の明朝から日本国王に封じられたこと、太上天皇の尊号を求めたことなどを根拠に、義満が皇位を簒奪し子の義嗣《よしつぐ》を天皇としようとしたとする説が唱えられている。これに対する異論も多く出されているが、義満の得た権力が、武士としては空前の強大なものであったことは疑いない。

応永一五年（一四〇八）に義満が死去すると、朝廷は義満に太上天皇の尊号を贈ったが、義満の子の四代将軍足利義持《よしもち》はこれを辞退した。結局、その後は義満のような院政代行という事態が生じることはなく、朝廷での足利家は、大臣まで昇進し、摂関家に次ぐ家格となるにとどまった。政務や儀礼の中で、足利家は院や天皇を補佐する役割を果たしており、いわば、摂関に準じる立場にあったと考えられている（石原二〇一五）。

注目すべき点は、室町殿は、天皇との血縁関係に依拠せず、また、摂関のように地位を明確化することなく、天皇の補佐役としての立場を占めたことである。義満以後の歴代の室町殿の基本的な官歴は、征夷大将軍・近衛大将を経て大臣まで昇進するというものであったが、室町殿の果たした政治的役割は、そのいずれの職掌とも無関係であった。もはや室町殿は、室町殿であることのみを理由に、天皇の補佐を行ったのである。

一般にはあまり知られていないことだが、実は、応仁《おうにん》元年（一四六七）に発生した応仁の乱の際、後花園《ごはなぞの》院（一〇二代）・後土御門《ごつちみかど》天皇（一〇三代）は、東軍に擁立された足利義《よし》政《まさ》と、花の御所で同居している。義政と後花園院・後土御門天皇との間に、直接の血縁関係はないが、政治的には、彼らは一体の存在となっていたのであった。

永享《えいきょう》五年（一四三三）に後小松院が死去したのち、天正《てんしょう》一四年（一五八六）に正親町《おおぎまち》天皇（一〇六代）が譲位するまで、ほぼ院は不在であったから、形の上では、天皇の親政ということになる（寛正《かんしょう》五年［一四六四］から約六年間のみ、後花園院が存在）。この間、天皇の政治的独自性が、完全に失われたわけではない。だが、統治機構としての朝廷の実質はすでにほぼ失われており、室町殿（足利家当主）や守護などの協力なしに、政治的意思を現実化することは難しかった。

ことに、応仁の乱などによって幕府の求心力が低下すると、朝廷では、幕府からの財政援助が得られずに、重要な儀式の挙行が不可能となる事態も生じた。明応《めいおう》九年（一五〇〇）に没した際、四三日間も葬儀が行われず放置された後土御門天皇や、同年に後土御門天皇の跡を継いだのち、大永《だいえい》元年（一五二一）まで二一年間も即位式を行うことができなかった後柏原《ごかしわばら》天皇（一〇四代）などの事例は、その最たるものであった。統治者としての天皇の実権は、幕府の衰微とともに失われていったのである。

後円融皇統の断絶と継承

最後に、皇位継承者決定権を室町殿が掌握したことが、皇位継承に与えた影響について述べ、本書の締めくくりとしよう。

前章でも述べたように、応永一九年（一四一二）、後小松天皇から称光《しょうこう》天皇への譲位が行われ、以後、皇位は北朝によって独占された。ところが、正長《しょうちょう》元年（一四二八）、称光天皇は、男子を残さぬまま死去してしまう。後小松院にはこの時点で他の男子も存在しなかったため（次男の小川宮は、すでに応永三二年［一四二五］に死去）、後《ご》光厳《こうごん》院流の皇統は、ここで絶えることとなってしまった。

この事態に、当時の室町殿足利義教《よしのり》は、伏見宮家の彦仁《ひこひと》王を、後小松院の猶子として即位させた。これが後花園《ごはなぞの》天皇である。

後花園天皇は、崇光院の男系子孫（曽孫）であるから、わざわざ後小松院の猶子とならずとも即位可能ではあった。だが、伏見宮家は、崇光院が正平一統の際に南朝に連行されて以来、すでに三代七七年にわたって皇位から離れており、後花園天皇と後小松院との続柄は、七親等という遠いものであった。義教は、後花園天皇を後小松院の猶子とすることで、後花園天皇と皇統との血縁上の距離を政治的に縮め、皇位継承の正統性を高めようとしたのである。

後花園天皇が後小松院の猶子として即位したことによって、現実には後光厳院流の皇統は断絶したにもかかわらず、政治的には、後花園天皇によって皇統が継承されているという扱いがなされた。実際、後花園天皇の実の父である貞成《さだふさ》親王（崇光天皇の孫、後崇光《ごすこう》院）は、後花園天皇の即位後も、長く天皇の父として遇されなかった。義教が嘉吉《かきつ》元年

（一四四一）に嘉吉の乱で暗殺され、跡を継いだ義教の子義勝《よしかつ》も嘉吉三年（一四四三）に夭《よう》折《せつ》し、義勝の跡を継いだ弟の義政も未成年という、強力な室町殿が不在の状況下の文安《ぶんあん》四年（一四四七）に、ようやく貞成は太上天皇の号を贈られている。その太上天皇の号すら、貞成はわずか三か月で辞退してしまうのであった。また、伏見宮家も、貞成親王が康正《こうしょう》二年（一四五六）に死去したのち、息子の貞常《さだつね》親王（後花園天皇の弟）が継承し、存続している。

直系継承へのこだわり

このように、現実の血統が移動しても、政治上は同一の皇統として扱うという原則は、近世に入っても維持された。すなわち、男系男子のなかった後光明《ごこうみょう》天皇（一一〇代）と霊元《れいげん》天皇（一一二代、後光明天皇の弟）、後桃園《ごももぞの》天皇（一一八代）と光格《こうかく》天皇（一一九代、後桃園天皇は東山《ひがしやま》天皇の玄孫、光格天皇は東山天皇の曽孫＝七親等）との間には、養子関係が設定され、直系継承が行われているとの体裁が取られたのである。

霊元天皇・光格天皇が天皇の養子として皇位を継承することは、ともに、朝廷から申し入れ、江戸幕府がこれを承認した結果であった。かつて、足利義教によって行われた措置は、朝廷や江戸幕府にも、基本的に受け継がれたのである。

また、近世には、皇子の出生や成長までの間、中継ぎ的に即位した天皇が、三例（明《めい》正《しょう》天皇〔一〇九代〕・後西《ごさい》天皇〔一一一代〕・後桜町《ごさくらまち》天皇〔一一七代〕）見られる。このうち、明正天皇・後桜町天皇は、ともに未婚の女帝であって子孫はなく、後西天皇も、まだ幼い霊元天皇が成長し即位するまでの仮の即位であることが、皇位継承時点で、朝幕間の了解事項となっていた。このように、三人はいずれも、皇位の直系継承を前提とした、それを実現するための補助的な存在であったことが明白である。

南北朝合一後の皇位継承は、これらのイレギュラーな事例を除いて、すべて直系継承で行われているのである。それ以前の皇位継承との違いは、一目瞭然であろう。もはや、皇統の分裂はおろか、皇統の移動すら、起こりえなくなったのである。現代へとつながる、皇位の直系継承は、天皇が権力とは切り離された時代に、皇位継承が行きついた先なのであった。

あとがき

本書のカバー画像について、少し解説を。下側の画像は、即位礼などの際に天皇が登壇する高御座の模型のものである。高御座は、普段は京都御所の紫宸殿に置かれており、このあとがきを書いている平成三一年（二〇一九）二月時点では、一〇月の即位礼に備えて、皇居へと運ばれている。

現在の高御座は、大正四年（一九一五）に京都御所で行われた大正天皇の即位礼のために製作されたものなのだが、画像の模型は、その製作にかかわった京都の漆器の老舗「象彦」で、同時期に製作されたものである。非常に精巧で美しいものだが、その存在はあまり知られていないのではないだろうか。私がその存在を知ったのもほんの偶然で、平成二五年（二〇一三）、かつて京都市左京区岡崎最勝寺町にあった象彦漆美術館の前を通りかかったときに、「高御座・御帳台～菊とＮＩＰＰＯＮ～」という展示が行われていたのに行き会ったのだった。

本書の装丁を決める際、私はずいぶんと悩んだ。なにしろ、本書は個別の人物や事件がテーマではなく、対象とする時代も一〇〇〇年以上にわたっている。本書の内容を何か具体的な画像で示すとしたら、皇位継承そのものを具象化するしかない。それって何だ?……と考えた時に思い浮かんだのが、高御座であった。

高御座の画像は、知らない人が見ても、それがいったい何なのかはわからないだろう(なんとなく荘重な感じは伝わるだろうが)。だが、高御座が何かを知っている人にとっては、「ああ、あれだ」とピンとくるはずだ。要するに、高御座は、三種の神器などと同様、皇位やその継承を表すシンボルなのである。いまさらながら、本書の装丁を通じて、象徴というものの機能の大きさを、あらためて実感した。

もう一つ、カバー上側の画像は、歴代天皇の古系図の代表的な存在である『本朝皇胤紹運録』である。こちらは、本書のもう一つの重要な要素である、天皇の血縁・婚姻関係を視覚化したものということになる。もとは応永三三年(一四二六)に洞院満季によって書かれたものと考えられており、画像は国立国会図書館所蔵本(近代に多田賢意が写したもの)を用いている。

本書はなにしろ対象とする時代が広く、登場する人名も多数に上るため、できるだけ系図類を充実させるとともに、画像類と合わせて、視覚的なアクセントをつけるよう心がけた。画像の使用を快くお許しくださった関係のみなさまに、厚く御礼申し上げる。また、これらの手続きをはじめ、本書の編集・出版にかかわる諸々について、吉川弘文館の若山嘉秀氏に大変お世話になった。心より御礼申し上げる。

本書の執筆にとりかかったのは、ちょうど八年前のことであった。八年も経過すると、世の中さまざまなことが変わる。本書にかかわる範囲でいえば、最大の変化は、もちろん、退位による皇位継承が約二〇〇年ぶりに行われることになったことだろう。執筆にとりかかった当時、まさかそのようなことになろうとは、思ってもみなかった。

一身上のことについても、いろいろな変化があった。公的な部分での大きな変化は、二年前から帝京大学で勤務するようになったことである。

私の所属する文学部史学科は、専任の教員が二三人という大所帯である。幅広い分野を専門とする同僚の先生方からは、知的な刺激を日々いただいている。史学科だけあって、学生も歴史学に対して非常に意欲的であり、私もいつも講義に熱が入る（入りすぎる）。着任して最初の学期の特殊講義で話したのは、まさに本書の内容であった。このように恵まれた環境で、本書を書き上げることができて、本当に感謝している。

そして、私的な部分での大きな変化は、結婚し、娘が生まれたことである。本書の校正中に、娘は三歳の誕生日を迎えた。

特に、時間や労力という点で、育児が研究に大きな影響を及ぼしていることは否めない。なんとか本書の完成までこぎつけたが、その中で、育児と研究とを両立させることの難しさは、しみじみ感じた。すべての世の親の偉大さを、あらためて実感する毎日である。もちろん、家族の存在が意欲につながる面も大きく、単純にプラス・マイナスの評価を下せるようなものではない。結局は、折り合いの付け方の問題なのであろう。本書での経験を糧に、今後はさらに研究を推し進めていきたい。そして、研究者としての生活に理解を示し、許容してくれる妻に、心からの感謝を。

平成三一年二月二五日

佐伯智広

主要参考文献

本書全般にわたって参照した書籍・史料集

『天皇の歴史』（講談社）
宮内庁書陵部編『皇室制度史料』（吉川弘文館）
藤井譲治・吉岡眞之監修『天皇皇族実録』（ゆまに書房）
東京大学史料編纂所編『大日本史料』（東京大学）
東京大学史料編纂所『大日本史料総合データベース』
（http://wwwap.hi.u-tokyo.ac.jp/ships/shipscontroller）

「皇位継承を左右したもの――プロローグ」

小田部雄次『ミカドと女官　菊のカーテンの向う側』（扶桑社、二〇〇五年、初出二〇〇一年）
角田文衞『日本の後宮』（学燈社、一九七三年）

「古代の皇位継承」

荒木敏夫『可能性としての女帝　女帝と王権・国家』（青木書店、一九九九年）
河内祥輔『古代政治史における天皇制の論理　増訂版』（吉川弘文館、二〇一四年、初出一九八六年）

今　正秀『藤原良房　天皇制を安定に導いた摂関政治』（山川出版社、二〇一二年）
杉本直治郎『真如親王伝研究―高丘親王伝考―』（吉川弘文館、一九六五年）
仁藤敦史「古代女帝の成立―大后と皇祖母―」（『国立歴史民俗博物館研究報告』一〇八、二〇〇三年）
仁藤敦史『女帝の世紀　皇位継承と政争』（角川学芸出版、二〇〇六年）
元木泰雄『院政期政治史研究』（思文閣出版、一九九六年）
義江明子『古代王権論　神話・歴史感覚・ジェンダー』（岩波書店、二〇一一年）

「皇位継承と院政」

河内祥輔『日本中世の朝廷・幕府体制』（吉川弘文館、二〇〇七年）
佐伯智広『中世前期の政治構造と王家』（東京大学出版会、二〇一五年）
角田文衞『待賢門院璋子の生涯　椒庭秘抄』（朝日新聞社、一九八五年、初出一九七五年）
仁藤敦史『女帝の世紀　皇位継承と政争』（角川学芸出版、二〇〇六年）
伴瀬明美「院政期における後宮の変化とその意義」（『日本史研究』四〇二、一九九六年）
美川　圭『院政の研究』（臨川書店、一九九六年）
美川　圭「崇徳院生誕問題の歴史的背景」（『古代文化』五六―一〇、二〇〇四年）
元木泰雄『院政期政治史研究』（思文閣出版、一九九六年）
元木泰雄『藤原忠実』（吉川弘文館、二〇〇〇年）
元木泰雄『保元・平治の乱　平清盛　勝利への道』（角川学芸出版、二〇一二年、初出二〇〇四年）

龍　　粛『平安時代』（春秋社、一九六二年）

「皇位継承と武士」

石母田正『石母田正著作集　第九巻　中世国家成立史の研究』（岩波書店、一九八九年）
上横手雅敬『平家物語の虚構と真実』（塙書房、一九八五年、初出一九七三年）
上横手雅敬『鎌倉時代政治史研究』（吉川弘文館、一九九一年）
川合　康『鎌倉幕府成立史の研究』（校倉書房、二〇〇四年）
五味文彦「平氏軍制の諸段階」（『史学雑誌』八八―八、一九七九年）
五味文彦『平清盛』（吉川弘文館、一九九九年）
五味文彦『平家物語、史と説話』（平凡社、二〇一一年、初出一九八七年）
佐伯智広「一条能保と鎌倉初期公武関係」（『古代文化』五八―一、二〇〇六年）
佐伯智広「源通親―権力者に仕え続けた男の虚像」（野口実編『中世の人物　京・鎌倉の時代編　第二巻　治承～文治の内乱と鎌倉幕府の成立』、清文堂出版、二〇一四年）
佐伯智広『中世前期の政治構造と王家』（東京大学出版会、二〇一五年）
杉橋隆夫「鎌倉初期の公武関係―建久年間を中心に―」『史林』五四―六、一九七一年）
髙橋昌明『増補改訂　清盛以前　伊勢平氏の興隆』（平凡社、二〇一一年、初出一九八四年）
高橋一樹『中世荘園制と鎌倉幕府』（塙書房、二〇〇四年）
田中文英『平氏政権の研究』（思文閣出版、一九九四年）

長村祥知『中世公武関係と承久の乱』（吉川弘文館、二〇一五年）
野口華世「安嘉門院と女院領荘園—平安末・鎌倉期の女院領の特質—」（『日本史研究』四五六、二〇〇〇年）
保立道久『中世の国土高権と天皇・武家』（校倉書房、二〇一五年）
美川　圭『院政の研究』（臨川書店、一九九六年）
元木泰雄『武士の成立』（吉川弘文館、一九九四年）
元木泰雄『院政期政治史研究』（思文閣出版、一九九六年）
元木泰雄『保元・平治の乱　平清盛 勝利への道』（角川学芸出版、二〇一二年、初出二〇〇四年）

「皇統の分裂」

網野善彦『網野善彦著作集　第五巻　蒙古襲来』（岩波書店、二〇〇八年、初出一九七四年）
飯倉晴武『地獄を二度も見た天皇　光厳院』（吉川弘文館、二〇〇二年）
市沢　哲『日本中世公家政治史の研究』（校倉書房、二〇一一年）
岡田智行「院評定制の成立—殿下評定試論—」（『年報中世史研究』一一、一九八六年）
小川剛生「京極為兼と公家政権—土佐配流事件を中心に—」（『文学』四—六、二〇〇三年）
熊谷隆之「摂津国長洲荘悪党と公武寺社」（勝山清次編『南都寺院文書の世界』、思文閣出版、二〇〇七年）
近藤成一「モンゴルの襲来」（近藤成一編『日本の時代史九　モンゴルの襲来』、二〇〇三年）

近藤成一『鎌倉時代政治構造の研究』（校倉書房、二〇一六年）
佐伯智広『中世前期の政治構造と王家』（東京大学出版会、二〇一五年）
細川重男『鎌倉政権得宗専制論』（吉川弘文館、一九九九年）
細川重男『鎌倉北条氏の神話と歴史―権威と権力―』（日本史史料研究会、二〇〇七年）
細川重男『鎌倉幕府の滅亡』（吉川弘文館、二〇一一年）
森　茂暁『鎌倉時代の朝幕関係』（思文閣出版、一九九一年）
森　茂暁『南朝全史』（講談社、二〇〇五年）
森　茂暁『増補改訂　南北朝期公武関係史の研究』（思文閣出版、二〇〇八年、初出一九八四年）
龍　粛『鎌倉時代』（文藝春秋、二〇一四年、初出一九五七年）

「南北朝内乱と皇位継承」

飯倉晴武『地獄を二度も見た天皇　光厳院』（吉川弘文館、二〇〇二年）
市沢　哲『日本中世公家政治史の研究』（校倉書房、二〇一一年）
今谷　明『室町時代政治史論』（塙書房、二〇〇〇年）
小川剛生『足利義満　公武に君臨した室町将軍』（中央公論新社、二〇一二年）
亀田俊和『高師直　室町新秩序の創造者』（吉川弘文館、二〇一五年）
亀田俊和『足利直義　下知、件のごとし』（ミネルヴァ書房、二〇一六年）
亀田俊和『観応の擾乱　室町幕府を二つに裂いた足利尊氏・直義兄弟の戦い』（中央公論新社、二〇一

七年）
瀬野精一郎『足利直冬』（吉川弘文館、二〇〇五年）
田中大喜『新田一族の中世　「武家の棟梁」への道』（吉川弘文館、二〇一五年）
桃崎有一郎「建武政権論」（『岩波講座日本歴史　第七巻　中世二』、岩波書店、二〇一四年）
森　茂暁『南朝全史』（講談社、二〇〇五年）
森　茂暁『皇子たちの南北朝　後醍醐天皇の分身』（中央公論新社、二〇〇七年、初出一九八八年）
森　茂暁『増補改訂　南北朝期公武関係史の研究』（思文閣出版、二〇〇八年、初出一九八四年）
森　茂暁『足利直義　兄尊氏との対立と理想国家構想』（角川学芸出版、二〇一五年）
森　茂暁『足利尊氏』（角川学芸出版、二〇一七年）

「権力から切り離された皇位継承――エピローグ」

飯倉晴武『地獄を二度も見た天皇　光厳院』（吉川弘文館、二〇〇二年）
石原比伊呂『室町時代の将軍家と天皇家』（勉誠出版、二〇一五年）
今谷　明『室町の王権　足利義満の王権簒奪計画』（中央公論社、一九九〇年）
今谷　明『室町時代政治史論』（塙書房、二〇〇〇年）
小川剛生『足利義満　公武に君臨した室町将軍』（中央公論新社、二〇一二年）
富田正弘「室町殿と天皇」（『日本史研究』三一九、一九八九年）
早島大祐『室町幕府論』（講談社、二〇一〇年）

松永和浩『室町期公武関係と南北朝内乱』（吉川弘文館、二〇一三年）
森　茂暁『増補改訂　南北朝期公武関係史の研究』（思文閣出版、二〇〇八年、初出一九八四年）
森　茂暁『闇の歴史、後南朝　後醍醐流の抵抗と終焉』（角川学芸出版、二〇一三年、初出一九九七年）
横井　清『室町時代の一皇族の生涯　『看聞日記』の世界』（講談社、二〇〇二年、初出一九七九年）

なお、通史類は基本的に省略した。

著者紹介

一九七七年、大阪府に生まれる
二〇一〇年、京都大学大学院人間・環境学研究科博士後期課程修了、博士（人間・環境学）
現在、帝京大学文学部講師

主要著書・論文

『中世前期の政治構造と王家』（東京大学出版会、二〇一五年）
「一条能保と鎌倉初期公武関係」（『古代文化』五八—一、二〇〇六年）
「鳥羽院政期の公卿議定」（『古代文化』六八—一、二〇一六年）

歴史文化ライブラリー
483

皇位継承の中世史
血統をめぐる政治と内乱

二〇一九年（平成三十一）四月三十日　第一刷発行

著　者　佐《さ》伯《えき》智《とも》広《ひろ》

発行者　吉川道郎

発行所　株式会社 吉川弘文館
東京都文京区本郷七丁目二番八号
郵便番号一一三—〇〇三三
電話〇三—三八一三—九一五一〈代表〉
振替口座〇〇一〇〇—五—二四四
http://www.yoshikawa-k.co.jp/
印刷＝株式会社 平文社
製本＝ナショナル製本協同組合
装幀＝清水良洋・高橋奈々

ISBN978-4-642-05883-4

歴史文化ライブラリー

1996.10

刊行のことば

現今の日本および国際社会は、さまざまな面で大変動の時代を迎えておりますが、近づきつつある二十一世紀は人類史の到達点として、物質的な繁栄のみならず文化や自然・社会環境を謳歌できる平和な社会でなければなりません。しかしながら高度成長・技術革新にともなう急激な変貌は「自己本位な刹那主義」の風潮を生みだし、先人が築いてきた歴史や文化に学ぶ余裕もなく、いまだ明るい人類の将来が展望できていないようにも見えます。このような状況を踏まえ、よりよい二十一世紀社会を築くために、人類誕生から現在に至る「人類の遺産・教訓」としてのあらゆる分野の歴史と文化を「歴史文化ライブラリー」として刊行することといたしました。

小社は、安政四年（一八五七）の創業以来、一貫して歴史学を中心とした専門出版社として書籍を刊行しつづけてまいりました。その経験を生かし、学問成果にもとづいた本叢書を刊行し社会的要請に応えて行きたいと考えております。

現代は、マスメディアが発達した高度情報化社会といわれますが、私どもはあくまでも活字を主体とした出版こそ、ものの本質を考える基礎と信じ、本叢書をとおして社会に訴えてまいりたいと思います。これから生まれでる一冊一冊が、それぞれの読者を知的冒険の旅へと誘い、希望に満ちた人類の未来を構築する糧となれば幸いです。

吉川弘文館

歴史文化ライブラリー

中世史

列島を翔ける平安武士 九州・京都・東国——野口　実
源氏と坂東武士——野口　実
平氏が語る源平争乱——永井　晋
熊谷直実 中世武士の生き方——高橋　修
中世武士　畠山重忠 秩父平氏の嫡流——清水　亮
頼朝と街道 鎌倉政権の東国支配——木村茂光
大道　鎌倉時代の幹線道路——岡　陽一郎
鎌倉源氏三代記 一門・重臣と源家将軍——永井　晋
鎌倉北条氏の興亡——奥富敬之
三浦一族の中世——高橋秀樹
都市鎌倉の中世史 吾妻鏡の舞台と主役たち——秋山哲雄
弓矢と刀剣 中世合戦の実像——近藤好和
その後の東国武士団 源平合戦以後——関　幸彦
荒ぶるスサノヲ、七変化 〈中世神話〉の世界——斎藤英喜
曽我物語の史実と虚構——坂井孝一
親　鸞——平松令三
親鸞と歎異抄——今井雅晴
畜生・餓鬼・地獄の中世仏教史 因果応報と悪道——生駒哲郎
神や仏に出会う時 中世びとの信仰と絆——大喜直彦
神風の武士像 蒙古合戦の真実——関　幸彦
鎌倉幕府の滅亡——細川重男
足利尊氏と直義 京の夢、鎌倉の夢——峰岸純夫
高　師直 室町新秩序の創造者——亀田俊和
新田一族の中世 「武家の棟梁」への道——田中大喜
皇位継承の中世史 血統をめぐる政治と内乱——佐伯智広
地獄を二度も見た天皇　光厳院——飯倉晴武
東国の南北朝動乱 北畠親房と国人——伊藤喜良
南朝の真実 忠臣という幻想——亀田俊和
中世の巨大地震——矢田俊文
大飢饉、室町社会を襲う！——清水克行
贈答と宴会の中世——盛本昌広
出雲の中世 地域と国家のはざま——佐伯徳哉
山城国一揆と戦国社会——川岡　勉
中世武士の城——齋藤慎一
戦国の城の一生 つくる・壊す・蘇る——竹井英文
武田信玄——平山　優
徳川家康と武田氏 信玄・勝頼との十四年戦争——本多隆成
戦国大名の兵粮事情——久保健一郎
戦乱の中の情報伝達 使者がつなぐ中世京都と在地——酒井紀美

歴史文化ライブラリー

戦国時代の足利将軍——山田康弘
室町将軍の御台所 日野康子・重子・富子——田端泰子
名前と権力の中世史 室町将軍の朝廷戦略——水野智之
戦国貴族の生き残り戦略——岡野友彦
鉄砲と戦国合戦——宇田川武久
検証 長篠合戦——平山 優
織田信長と戦国の村 天下統一のための近江支配——深谷幸治
よみがえる安土城——木戸雅寿
検証 本能寺の変——谷口克広
加藤清正 朝鮮侵略の実像——北島万次
落日の豊臣政権 秀吉の憂鬱、不穏な京都——河内将芳
豊臣秀頼——福田千鶴
偽りの外交使節 室町時代の日朝関係——橋本 雄
朝鮮人のみた中世日本——関 周一
ザビエルの同伴者 アンジロー 戦国時代の国際人——岸野 久
海賊たちの中世——金谷匡人
アジアのなかの戦国大名 西国の群雄と経営戦略——鹿毛敏夫
琉球王国と戦国大名 島津侵入までの半世紀——黒嶋 敏
天下統一とシルバーラッシュ 銀と戦国の流通革命——本多博之

近世史

細川忠利 ポスト戦国世代の国づくり——稲葉継陽
江戸の政権交代と武家屋敷——岩本 馨
江戸の町奉行——南 和男
江戸御留守居役 近世の外交官——笠谷和比古
検証 島原天草一揆——大橋幸泰
大名行列を解剖する 江戸の人材派遣——根岸茂夫
江戸大名の本家と分家——野口朋隆
〈甲賀忍者〉の実像——藤田和敏
江戸の武家名鑑 武鑑と出版競争——藤實久美子
江戸の出版統制 弾圧に翻弄された戯作者たち——佐藤至子
武士という身分 城下町萩の大名家臣団——森下 徹
旗本・御家人の就職事情——山本英貴
武士の奉公 本音と建前 江戸時代の出世と処世術——高野信治
宮中のシェフ、鶴をさばく 江戸時代の朝廷と庖丁道——西村慎太郎
馬と人の江戸時代——兼平賢治
犬と鷹の江戸時代 〈犬公方〉綱吉と〈鷹将軍〉吉宗——根崎光男
紀州藩主 徳川吉宗 明君伝説・宝永地震・隠密御用——藤本清二郎
近世の巨大地震——矢田俊文
江戸時代の孝行者 「孝義録」の世界——菅野則子

歴史文化ライブラリー

死者のはたらきと江戸時代 遺訓・家訓・辞世—深谷克己
近世の百姓世界—白川部達夫
闘いを記憶する百姓たち 江戸時代の裁判学習帳—八鍬友広
江戸の寺社めぐり 鎌倉・江ノ島・お伊勢さん—原 淳一郎
江戸のパスポート 旅の不安はどう解消されたか—柴田 純
〈身売り〉の日本史 人身売買から年季奉公へ—下重 清
江戸の捨て子たち その肖像—沢山美果子
江戸の乳と子ども いのちをつなぐ—沢山美果子
エトロフ島 つくられた国境—菊池勇夫
江戸時代の医師修業 学問・学統・遊学—海原 亮
江戸の流行り病 麻疹騒動はなぜ起こったのか—鈴木則子
江戸幕府の日本地図 国絵図・城絵図・日本図—川村博忠
江戸の地図屋さん 販売競争の舞台裏—俵 元昭
踏絵を踏んだキリシタン—安高啓明
墓石が語る江戸時代 大名・庶民の墓事情—関根達人
近世の仏教 華ひらく思想と文化—末木文美士
江戸時代の遊行聖—圭室文雄
松陰の本棚 幕末志士たちの読書ネットワーク—桐原健真
龍馬暗殺—桐野作人
幕末の世直し 万人の戦争状態—須田 努
幕末の海防戦略 異国船を隔離せよ—上白石 実
幕末の海軍 明治維新への航跡—神谷大介
江戸の海外情報ネットワーク—岩下哲典

近・現代史

江戸無血開城 本当の功労者は誰か？—岩下哲典
五稜郭の戦い 蝦夷地の終焉—菊池勇夫
水戸学と明治維新—吉田俊純
大久保利通と明治維新—佐々木 克
旧幕臣の明治維新 沼津兵学校とその群像—樋口雄彦
刀の明治維新 「帯刀」は武士の特権か？—尾脇秀和
維新政府の密偵たち 御庭番と警察のあいだ—大日方純夫
京都に残った公家たち 華族の近代—刑部芳則
文明開化 失われた風俗—百瀬 響
西南戦争 戦争の大義と動員される民衆—猪飼隆明
大久保利通と東アジア 国家構想と外交戦略—勝田政治
明治の政治家と信仰 クリスチャン民権家の肖像—小川原正道
文明開化と差別—今西 一
大元帥と皇族軍人 明治編—小田部雄次
明治の皇室建築 国家が求めた〈和風〉像—小沢朝江
皇居の近現代史 開かれた皇室像の誕生—河西秀哉

歴史文化ライブラリー

明治神宮の出現——山口輝臣
神都物語 伊勢神宮の近現代史——ジョン・ブリーン
陸軍参謀 川上操六 日清戦争の作戦指導者——大澤博明
日清・日露戦争と写真報道 戦場を駆ける写真師たち——井上祐子
公園の誕生——小野良平
啄木短歌に時代を読む——近藤典彦
鉄道忌避伝説の謎 汽車が来た町、来なかった町——青木栄一
軍隊を誘致せよ 陸海軍と都市形成——松下孝昭
家庭料理の近代——江原絢子
お米と食の近代史——大豆生田 稔
日本酒の近現代史 酒造地の誕生——鈴木芳行
失業と救済の近代史——加瀬和俊
近代日本の就職難物語 「高等遊民」になるけれど——町田祐一
選挙違反の歴史 ウラからみた日本の一〇〇年——季武嘉也
海外観光旅行の誕生——有山輝雄
関東大震災と戒厳令——松尾章一
昭和天皇とスポーツ 〈玉体〉の近代史——坂上康博
昭和天皇側近たちの戦争——茶谷誠一
大元帥と皇族軍人 大正・昭和編——小田部雄次
海軍将校たちの太平洋戦争——手嶋泰伸

植民地建築紀行 満洲・朝鮮・台湾を歩く——西澤泰彦
稲の大東亜共栄圏 帝国日本の〈緑の革命〉——藤原辰史
地図から消えた島々 幻の日本領と南洋探検家たち——長谷川亮一
自由主義は戦争を止められるのか 芦田均・清沢洌・石橋湛山——上田美和
モダン・ライフと戦争 スクリーンのなかの女性たち——宜野座菜央見
彫刻と戦争の近代——平瀬礼太
軍用機の誕生 日本軍の航空戦略と技術開発——水沢 光
首都防空網と〈空都〉多摩——鈴木芳行
帝都防衛 戦争・災害・テロ——土田宏成
陸軍登戸研究所と謀略戦 科学者たちの戦争——渡辺賢二
帝国日本の技術者たち——沢井 実
〈いのち〉をめぐる近代史 堕胎から人工妊娠中絶へ——岩田重則
強制された健康 日本ファシズム下の生命と身体——藤野 豊
戦争とハンセン病——藤野 豊
「自由の国」の報道統制 大戦下の日系ジャーナリズム——水野剛也
海外戦没者の戦後史 遺骨帰還と慰霊——浜井和史
学徒出陣 戦争と青春——蜷川壽惠
沖縄戦 強制された「集団自決」——林 博史
陸軍中野学校と沖縄戦 知られざる少年兵「護郷隊」——川満 彰
沖縄からの本土爆撃 米軍出撃基地の誕生——林 博史

歴史文化ライブラリー

原爆ドーム 物産陳列館から広島平和記念碑へ——頴原澄子
米軍基地の歴史 世界ネットワークの形成と展開——林 博史
沖縄 占領下を生き抜く 軍用地・通貨・毒ガス——川平成雄
考証 東京裁判 戦争と戦後を読み解く——宇田川幸大
昭和天皇退位論のゆくえ——冨永 望
ふたつの憲法と日本人 戦前・戦後の憲法観——川口暁弘
鯨を生きる 鯨人の個人史・鯨食の同時代史——赤嶺 淳
文化財報道と新聞記者——中村俊介

文化史・誌

落書きに歴史をよむ——三上喜孝
霊場の思想——佐藤弘夫
跋扈《ばっこ》する怨霊 祟りと鎮魂の日本史——山田雄司
将門伝説の歴史——樋口州男
藤原鎌足、時空をかける 変身と再生の日本史——黒田 智
変貌する清盛 『平家物語』を書きかえる——樋口大祐
空海の文字とことば——岸田知子
日本禅宗の伝説と歴史——中尾良信
水墨画にあそぶ 禅僧たちの風雅——高橋範子
観音浄土に船出した人びと 熊野と補陀落渡海——根井 浄
殺生と往生のあいだ 中世仏教と民衆生活——苅米一志
浦島太郎の日本史——三舟隆之
〈ものまね〉の歴史 仏教・笑い・芸能——石井公成
戒名のはなし——藤井正雄
墓と葬送のゆくえ——森 謙二
運 慶 その人と芸術——副島弘道
ほとけを造った人びと 止利仏師から運慶・快慶まで——根立研介
祇園祭 祝祭の京都——川嶋將生
洛中洛外図屛風 つくられた〈京都〉を読み解く——小島道裕
化粧の日本史 美意識の移りかわり——山村博美
乱舞の中世 白拍子・乱拍子・猿楽——沖本幸子
神社の本殿 建築にみる神の空間——三浦正幸
古建築を復元する 過去と現在の架け橋——海野 聡
大工道具の文明史 日本・中国・ヨーロッパの建築技術——渡邉 晶
苗字と名前の歴史——坂田 聡
日本人の姓・苗字・名前 人名に刻まれた歴史——大藤 修
数え方の日本史——三保忠夫
大相撲行司の世界——根間弘海
日本料理の歴史——熊倉功夫
吉兆 湯木貞一 料理の道——末廣幸代
日本の味 醤油の歴史——林 玲子・天野雅敏編

歴史文化ライブラリー

中世の喫茶文化 儀礼の茶から「茶の湯」へ——橋本素子
天皇の音楽史 古代・中世の帝王学——豊永聡美
流行歌の誕生 「カチューシャの唄」とその時代——永嶺重敏
話し言葉の日本史——野村剛史
「国語」という呪縛 国語から日本語へ、そして〇〇語へ——川口 良・角田史幸
柳宗悦と民藝の現在——松井 健
遊牧という文化 移動の生活戦略——松井 健
マザーグースと日本人——鷲津名都江
金属が語る日本史 銭貨・日本刀・鉄炮——齋藤 努
書物と権力 中世文化の政治学——前田雅之
書物に魅せられた英国人 フランク・ホーレーと日本文化——横山 學
災害復興の日本史——安田政彦

民俗学・人類学

日本人の誕生 人類はるかなる旅——埴原和郎
倭人への道 人骨の謎を追って——中橋孝博
神々の原像 祭祀の小宇宙——新谷尚紀
役行者と修験道の歴史——宮家 準
幽霊 近世都市が生み出した化物——高岡弘幸
雑穀を旅する——増田昭子
川は誰のものか 人と環境の民俗学——菅 豊
名づけの民俗学 地名・人名はどう命名されてきたか——田中宣一
番と衆 日本社会の東と西——福田アジオ
記憶すること・記録すること 聞き書き論ノート——香月洋一郎
番茶と日本人——中村羊一郎
踊りの宇宙 日本の民族芸能——三隅治雄
柳田国男 その生涯と思想——川田 稔

世界史

中国古代の貨幣 お金をめぐる人びとと暮らし——柿沼陽平
渤海国とは何か——古畑 徹
古代の琉球弧と東アジア——山里純一
アジアのなかの琉球王国——高良倉吉
琉球国の滅亡とハワイ移民——鳥越皓之
フランスの中世社会 王と貴族たちの軌跡——渡辺節夫
ヒトラーのニュルンベルク 第三帝国の光と闇——芝 健介
人権の思想史——浜林正夫
グローバル時代の世界史の読み方——宮崎正勝

考古学

タネをまく縄文人 最新科学が覆す農耕の起源——小畑弘己
農耕の起源を探る イネの来た道——宮本一夫
老人と子供の考古学——山田康弘

歴史文化ライブラリー

聖武天皇が造った都 難波宮・恭仁宮・紫香楽宮――小笠原好彦
天皇側近たちの奈良時代――十川陽一
悲運の遣唐僧 円載の数奇な生涯――佐伯有清
遣唐使の見た中国――古瀬奈津子
古代の女性官僚 女官の出世・結婚・引退――伊集院葉子
平安朝 女性のライフサイクル――服藤早苗
平安京のニオイ――安田政彦
平安京の災害史 都市の危機と再生――北村優季
平安京はいらなかった 古代の夢を喰らう中世――桃崎有一郎
天台仏教と平安朝文人――後藤昭雄
藤原摂関家の誕生 平安時代史の扉――米田雄介
安倍晴明 陰陽師たちの平安時代――繁田信一
平安時代の死刑 なぜ避けられたのか――戸川 点
古代の神社と神職 神をまつる人びと――加瀬直弥
時間の古代史 霊鬼の夜、秩序の昼――三宅和朗

各冊一七〇〇円～二〇〇〇円(いずれも税別)
▽残部僅少の書目も掲載してあります。品切の節はご容赦下さい。
▽品切書目の一部について、オンデマンド版の販売も開始しました。
詳しくは出版図書目録、または小社ホームページをご覧下さい。